中国历代帝王传记

丛书主编◎邹屿晨

成吉思汗传

霍天威◎编著

河北人民出版社
石家庄

图书在版编目（CIP）数据

成吉思汗传 / 霍天威编著． — 2版．— 石家庄：河北人民出版社，2018.8（2023.8重印）
（中国历代帝王传记 / 邹屿晨主编）
ISBN 978-7-202-13063-6

Ⅰ．①成… Ⅱ．①霍… Ⅲ．①成吉思汗（1162-1227）—传记 Ⅳ．①K827=47

中国版本图书馆CIP数据核字（2018）第095226号

书　　名　**中国历代帝王传记——成吉思汗传**
ZHONGGUOLIDAIDIWANGZHUANJI CHENGJISIHANZHUAN
丛书主编　邹屿晨
编　　著　霍天威

策划编辑　马　丽
责任编辑　陈冠英
美术编辑　李　欣
封面设计　格林文化

出版发行　河北人民出版社（石家庄市友谊北大街330号）
印　　刷　成业恒信印刷河北有限公司
开　　本　710毫米×1000毫米　1/16
印　　张　16
字　　数　180 000
版　　次　2018年8月第2版　2023年8月第3次印刷
印　　数　10 001–15 000
书　　号　ISBN 978-7-202-13063-6
定　　价　32.00元

目　录

天朝史鉴 / 1

前　言 / 1

第一章　射雕英雄 / 1

第一节　草原战国 / 3

第二节　动物凶猛 / 6

第三节　夺妻之恨 / 15

第二章　蒙古战神 / 21

第一节　乞颜可汗 / 23

第二节　十三翼之战 / 32

第三节　血族复仇 / 38

第四节　草原霸主 / 48

第五节　三雄争锋 / 57

第三章　一代天骄 / 77

第一节　统一蒙古 / 79

第二节　斩尽杀绝 / 94

第三节　帝国制度 / 104

第四节　忠诚血勇 / 119

第四章　伐金灭夏 / 129

第一节　征服西夏 / 131

第二节　南下伐金 / 135
第三节　权皇帝 / 144

第五章　西　征 / 155
第一节　序幕 / 157
第二节　铁骑出师 / 160
第三节　屠城 / 166
第四节　帝国后事 / 168

第六章　天下英雄 / 183
第一节　雄才伟略 / 185
第二节　铁血战队 / 197
第三节　谁与争锋 / 221
第四节　英雄永垂 / 230

天朝史鉴

在五千多年的人类文明历史长河中，中华文明是一个伟大的奇迹。

从公元前221年开始，中国就以一个统一的多民族集权帝制国家屹立在世界的东方。在之后漫长的两千多年里，中国一直是当时世界上最发达的国家之一，并有着几段辉煌时期，包括汉朝、隋唐、元朝和早清时期，在公元13世纪达到顶峰，成为当时世界上最繁荣的文化及贸易中心。以指南针、造纸术、印刷术及火药为代表的众多中国古代发明对世界的历史与科技发展有着重要的贡献，同时中国在漫长的发展过程中还拥有发达的农业及手工业。

“普天之下，莫非王土；率土之滨，莫非王臣”，中华帝国长期的优势形成了巨大的文化优越感：根据中国封建社会的传统观念，中国是“天朝上国”，是世界文明的中心，中国皇帝就是“天下共主”。翻开世界历史，这个观点在16世纪以前，的的确确是一个事实。

拿破仑曾经对英国外交家阿美士德说过：“中国是一头沉睡的狮子，一旦被惊醒，世界将为之震动。”拿破仑一生纵横欧洲，数次把多国联军踩在脚下，如此叱咤风云的人物为什么会对当时的中国有这样的论断，他的根据从何而来？

翻开世界近代史，我们会发现，在拿破仑所处的时代，曾经拥有优秀远古文明的区域大多四分五裂，各自为政，欧洲如此，非洲也如此；

而拥有广袤土地的大国又大多没有久远的文明，俄罗斯如此，美国亦然；真正能将久远的文明和辽阔的疆域结合在一起的，仍然只有中国。拿破仑一直试图统一欧洲，因为他深知：只有将文明的力量与辽阔的疆域结合起来，才能造就伟大的帝国。

纵观世界五千年的历史，我们可以得出这样的结论：中国的文明能够这样伟大，中国的力量能够这样让人不敢轻视，一直以一个大一统的国家形式存在是至关重要的决定性因素。

作为一个多民族集权帝制国家，所有的权力集中在皇帝一个人身上。时势造英雄，英雄造时势，雄才伟略的皇帝完全有可能改变历史的进程。在中华帝国的历史上有四百多个帝王，其中十三位杰出的帝王以其丰功伟绩而彪炳史册，在中华帝国史上，甚至世界史上打下了深刻的烙印。

封建社会时期的中国，一直都以一个大帝国的姿态屹立在世界东方，各民族用各自的历史共同谱写出一部中华风云史。秦汉时期，中华帝国把匈奴赶到西方，引发了欧洲的一系列大动荡；唐朝时期，中华帝国又把突厥赶到西北，又引发了中亚和东欧的动荡。至于秦、汉、晋、隋、唐、宋、元、明、清这一系列的朝代更替，以及各个朝代中的叛乱分裂或者起义，都只不过是这个延续两千多年的帝国的内乱而已。

现在我们回顾这段伟大的中华帝国史，秦始皇，无疑是这个大帝国的最初缔造者，也就是开国皇帝。正是由于他的雄才伟略，才奠定了整个中华民族大一统的所有基础。

在中华帝国的历史上，公元前221年是真实意义上的帝国元年。“千古一帝”秦始皇一统天下，废分封，设郡县，同文、同律、同衡、同轨，修驿道，筑长城，大一统的中华帝国有了一颗“统一的心”。从此，中国人以高度的政治智慧与独特的文化内涵，把“大一统思想”作为整个社会和个人的至高理想永恒地留在了所有中国人的血液中。秦始皇也当之无愧成为中华帝国的始皇帝。

中国封建帝王“皇帝”的称谓由秦始皇开始，他叫“秦始皇”，就是希望大秦帝国会有接下来的二世、三世，直至千万世，如此永远继承下去。这一点，虽然秦始皇的子孙没有做到，但从另一个意义上讲，中华帝国后来所有坐拥江山的皇帝何尝不是秦始皇的继承者？

史家有个说法叫“汉承秦制”，意思就是刘邦建立汉朝之后，继承和发展了秦朝的大一统制度，从这个意义上来说，刘邦才是秦始皇的第一个继承者。秦末天下大乱，项羽首先在争夺天下的霸业中胜出，但遗憾的是项羽根本没有建立中央政权的意识，而是把诸侯全部分封到各自的领地为王，他的做法实际上是让中国再次回到战国时代的大分裂中去，这无疑相当于一种历史的倒退，所以最后他败给刘邦也就不足为奇了。从这个角度来说，与其说是刘邦战胜了项羽，不如说是统一战胜了分裂。

楚汉争霸同时也开创了帝国的另外一个游戏规则，皇帝轮流做，英雄不问出处。这个规则的结果就是“成王败寇”，完美地解决了帝国内部改朝换代的“正统性”问题，在一定程度上保证了最有能力的人成为开国皇帝，带领帝国一次又一次走向辉煌。

汉武帝即位之后，罢黜百家独尊儒术，又为日后中国两千余年的统一打下了坚实的思想基础，儒家思想中的“三纲”和“五常”都有力地促进了“大一统思想”在百姓心中扎根。“英雄风流不尽数，刀马所至皆汉土。”汉武帝北击匈奴，南平两越，西通西域，奠定了现代中国辽阔疆域的初步基础，他又大力提倡中西交流，数次派人出使西域，促进了民族融合，中华帝国也开始有了广泛的世界影响，汉文化圈开始形成。

“天下大势，合久必分，分久必合。”东汉末年，中国大一统的格局第一次长时间分裂。也正是这次分裂，唤醒了中华民族强烈的统一意识。

曹操年轻时，曾得当时名士许劭“治世之能臣，乱世之奸雄”的评价，而他也的确没有辜负这一番品评，一身功业让后人又叹息又嫉妒。曹操统一北方之后，权势已经到了人臣之极，但他却没有称帝，究其原因，正是深受维护正统的观念影响。随后他又立即率领大军南征，尽管最后功败垂成，但是他在北方实行的诸多政策都为日后的晋朝奠定了深厚的基础。西晋武帝再次统一中国，最大的功劳当属曹操，这也是曹操被认为是晋祖的原因所在。在维护统一这一点上，曹操不愧为历史上最伟大的政治家之一。

三国时期是一个英雄辈出的时代，刘备以其独特的人格魅力成为中国历史上最有人缘的平民皇帝。刘备本人即是汉朝宗室，又仁慈爱民，所以在东汉之末的乱世中是人心所向的。他也正是凭借着这两个条件，从一个一无所有的卖草席之人变成蜀汉的开国君主，他的一生也都在为了再次统一天下兴复汉朝而努力，由于时代所限，他也没有成功，但他建立的蜀汉却在开发西南、促进民族融合方面做出了很大贡献。刘备能够三分天下得其一，在很大程度上是沾了“正统”的光，而“正统”的本质就是统一。

历史进入唐朝，在中华帝国建立九百多年之后，唐太宗李世民将这个古老的大帝国推向了辉煌的巅峰。中国历代皇帝中，唐太宗是极少数上马善打天下、下马能治天下的英主。他在位期间，居安思危，任用贤良，虚怀纳谏，实行轻徭薄赋、舒缓刑罚的政策，并且进行了一系列政治、军事改革，最终出现了社会安定、生产发展的升平景象，对周边少数民族，他实行开明政策，安抚首领，鼓励民间交流，被尊为“天可汗”。

千百年来，李世民开创的“贞观之治”一直是人们倍加推崇的封建社会治世榜样，他本人也成为后世帝王竞相效仿的一代明君。在他的治理之下，中国对世界的影响也达到了前所未有的高度。

和李世民的出类拔萃相比，武则天可谓丝毫不逊色。她以女儿之身，在封建社会男尊女卑的大环境下可以坐上皇位，让天下所有男人俯首称臣，本身就绝非常人能及。但她的即位，又不仅仅是一个女人的胜利，她开创的“武周革命”局面是中华帝国在唐朝时期的一个重要过渡。政治上，她上承“贞观之治”，注重富国安民，她的夺权过程虽然残酷，但百姓生活却不但没有受到什么影响，反而更加富足，这就为后面的“开元盛世”奠定了坚实的基础。

在中华帝国这个大舞台上，宋太祖赵匡胤的出彩之处更多地集中在制度的完善上。宋朝之前的大一统政权，无论是汉朝还是唐朝，都在后期饱受地方势力作乱的困扰，原因就是地方势力拥有军队，可以很轻易地对中央政府产生威胁。宋太祖登上皇位之后，第一个动作就是使用怀柔手段削去大将的兵权，使军队全部掌握在皇帝手中，杜绝地方势力叛乱的可能性。同时，宋太祖还是个重视文化的皇帝，宋朝的经济繁荣和文化昌明也为历朝所罕见。

经历了南宋与辽、金、西夏并立的分裂局面之后，以成吉思汗为首的蒙古人再次统一了中华帝国，这不但是中国少数民族第一次统一全国，也使中国的少数民族再一次震惊全世界。成吉思汗天生就是一个战争之王，他的一生从头到尾都在战争中度过，中原、漠北、西域、中亚都留下了他征服的足迹。成吉思汗在位时表现出了强大的征服性，所以，成吉思汗理所当然地也成为对世界影响深远的中国皇帝之一。

明朝时期的中国，仍旧是大一统的局面。朱元璋统一中国之后，撤销丞相一职，又大开杀戒，几乎将开国功臣赶尽杀绝，此外又开设锦衣卫，监视大臣以及百姓言行，封建皇权在他的手中发展到了一个新的巅峰。在朱元璋的一系列举措之下，中华帝国几乎发展成了他的家天下，无论中央还是地方，再也没有能与皇帝权势相对抗的大臣，这不能归咎于朱元璋一个人，应该说是制度的弊端，已经实行了一千五百余年的大一统式封建专制逐渐走到了尽头。明朝在重修长城一事上最下功夫，这也说明明朝的抵御外族能力最低，在朱元璋的影响之下，明朝后来的皇帝都只专心内斗，不思进取，明朝的世界影响力也随之下降，中华帝国的疆域也降到一个低谷。

清朝由女真族建立，这也是少数民族第二次统一中国，而大清王朝中最雄才大略的皇帝当属康熙帝。康熙是中华帝国历史上最后一个文治武功都很出色的皇帝。康熙采取了一系列有利于国计民生的政策，使耕地面积迅速扩大，粮食产量有所提高，经济作物也被广泛种植，最终促进了农业经济的发展，奠定了“康乾盛世”的基础。康熙又平定了准噶尔叛乱，将西藏、新疆和台湾牢牢纳入中国版图，又和沙俄签订《尼布楚条约》，有效抵抗了沙俄对东北地区的侵略。康熙时期是中华帝国的又一个顶峰，但是由于故步自封、闭关锁国，中国已经跟不上世界发展的脚步，近两千年的大帝国在最后的回光返照中走向没落。

中国的封建专制制度发展到雍正时期，君主集权达到最高峰。雍正的即位过程可谓将中国古代的太子夺权斗争发挥得淋漓尽致，他即位之后，规定以后的皇帝必须把继承人的名字写成诏书封存，这就从根本上解决了皇室继承人纷争的问题。雍正又设军机处，作为皇帝的秘书班子，为皇帝出主意、写文件、理政务，“军国大计，罔不总揽”。雍正对经济发展的贡献也不能忽视，正是由于他在中间的拨乱反正，使得康熙的一些有效政策得以延续，也使得康熙开创出的盛世局面得以延续。

雍正之子乾隆是“康乾盛世”的收官者。乾隆在位六十年，前期，他政治颇为清明，在康熙、雍正两朝的基础上，将“康乾盛世”局面推向了顶峰。到了执政后期，乾隆将清政府积累下来的上百年家底挥霍一空，对外又实行闭关锁国的政策，进一步耽误了中国与世界的同步发展，时有英国人形容清朝为“一艘破烂不堪的头等战舰”，从这种意义上讲，乾隆也是整个中华帝国的收官者。

…………

英国女王伊丽莎白直言不讳地说：西方之所以长久以来对中国心存疑虑，就是因为中国一直是一个统一的大国。

“统一”就是打开中华文明唯一的钥匙。从公元前221年秦始皇统一中国后，无论是后世的哪一个封建君主，争取统一或者维护统一都是他没法抵挡的诱惑，也是他无法摆脱的宿命。一国不容二主的观念在这块土地上是如此深入人心，真正成了中国人的民族基因，也是中华文明历久而弥新、中华民族能够傲立世界的真正原因。

何君　于北京

2015年3月

前　言

七百多年前，蒙古草原诞生了一位震撼世界的战神，他就是世界的征服者———伟大的成吉思汗。

成吉思汗及其后继者如飓风一般席卷中亚细亚及东部欧洲，摧毁了沿途的许多由不同民族和部落建立起来的城市和村庄，打通了无数封建割据的关卡。蒙古人的帝国东起太平洋，西至东欧的多瑙河，北讫西伯利亚，南达波斯湾，中心就在中国的黄河。这个辽阔的疆域内，政治、经济、文化、军事几乎是一统的、高度集权的。人类文明在成吉思汗的铁蹄下，开始了第一次世界一体化的进程。

成吉思汗戎马生涯近五十年，依靠一批能征善战的将领和谋士，利用蒙古骑兵优势，创造了震撼世界的业绩。他善于治军，他创建和统帅的蒙古军，训练有素、纪律严明，既善野战，又能攻坚。在众敌面前，善于利用矛盾，联此击彼，各个击破；在战法上，善于扬长避短，巧施诈术，避实击虚，多路出击，迂回突袭，速战速决。重视以战养战。其军事思想和指挥艺术，在世界军事史上都占有重要地位，对后世影响颇大。

成吉思汗是中华民族发展史上一位杰出的人物，他本人及其子孙的军事活动，克服了当时东西方陆路交通的人为障碍，极大地促进了东西方文化交流，推动了人类文明的进步。并且，最终奠定了现代中国的基本版图。在中华帝国的历史上，成吉思汗与秦皇、汉武、唐宗、宋祖并列。

在人类历史上的众多征服者中，能够给后人留下永久回忆的人并不多，成吉思汗在其中算是十分特别的人物。他野心勃勃，却又能给人留下英雄的悬念，他制造了混乱与战争，人们却把那个时代看成是历史奇观。后人对他褒贬不一，但对其所创造的奇迹，则无不惊叹。这就是所谓时势造英雄，英雄亦造时势。

成吉思汗作为一位空前的草原霸主，以政治家独有的视野与魄力，在军事征战与巩固王位的斗争中，把自我的聪明才智和非凡才干展现得淋漓尽致。他通过自己的审慎筹划和果敢行动，再加上深沉的理性思考，在一系列的东征西讨和选定王位继承人的事件中，做出了深思熟虑和远见卓识的决策，从而创造了一位草原霸主的辉煌命运，改写了草原的历史，改变了世界的历史，让蒙古民族在人类历史上留下了浓墨重彩的一笔。

一些历史学家依据历史记载，把成吉思汗说成是一个嗜血好杀、野蛮残暴的魔王，把他的出现说成是人类的灾难。他们指责成吉思汗在中亚的屠城，将敢于抵抗的城市男子全部斩首，将女子全部作为奴隶；指责他的行为破坏了文明，甚至阻碍了人类的进化。但是，我们不能苛求古人，草原的法则就是“弱肉强食”。作为马背上的民族的杰出领袖，建立统治的基本方法就是屠杀。如果他不去屠杀别人，必会死在别人的刀剑之下，从这一点来看，成吉思汗的血腥是被生存环境所逼的，是被恶劣的草原环境、被弱肉强食的草原生存法则所逼出来的！历史上，所有的游牧民族无不存在着这种血腥的一面，在这一点上，成吉思汗成了马背民族的代表，如要获得成功，就必须要举起屠刀，这也可以看做是成吉思汗的辩证法。

在蒙古高原之上，
谁曾驭千军万马？
唯有英雄！
谁曾建千秋伟业？
唯有英雄！

成吉思汗是英雄中的英雄。他的人生，是一部传奇；他的功绩彪炳史册。试问几百年后，谁能淡忘曾经改写草原和中华大地历史的成吉思汗，谁能忘记曾经跨越亚欧的蒙古帝国？看到茫茫草原，那里隐隐地有铁骑急驰的声音；倾听草原牧歌，那里传唱着草原英雄的传世颂歌。

成吉思汗，一个统治者，一个天生的统治型人物，一个天生的世界征服者。这或许就是人类历史上关于一个草原英雄的记录。

霍天威

2005年8月8日

第一章

射雕英雄

第一节　草原战国

有太阳的天，
没有光明。
有星星的夜晚，
只有黑暗。
日月星辰旋转着，
众百姓都反了，
不进自己的卧内，
互相抢掠财物。

…………

这是一首关于早期蒙古的民谣，描绘了12世纪末蒙古草原征伐动荡、民不聊生的混乱场面：天地间一片混乱，牧民们过着暗无天日的生活。

统一前的蒙古人还处在奴隶社会阶段，生产方式落后，血亲复仇严重，到处都充满着血腥屠杀。整个蒙古社会部落社会动荡，管理组织分崩离析，各个部落都有自己的最高统治者“汗”，缺乏统一的国家组织，这一时期，蒙古人只有民族意识，还没有国家概念。

辽阔的草原美如画，是哺育英雄、成就英雄的广袤土地。在这血腥的蒙古草原上，终于飞起了一只展翅的雄鹰，他就是后来统一蒙古的铁木真，历史上有名的成吉思汗。铁木真的出生为蒙古草原带来了新的生机，铁木真的成长为蒙古混战迎来了光明。

蒙古部的东邻塔塔儿是一个著名的大部落。12世纪时，塔塔儿六个部落组成部落联盟，共有七万户人家，他们游牧在阔连海子（今呼伦湖）、捕鱼儿海子（今贝尔湖）一带的广大草原。塔塔儿力量强大，与蒙古各部之间纷扰不休。

铁木真的曾祖父俺巴孩汗是乞颜部的汗。俺巴孩从长远考虑，不愿与同为蒙古人的塔塔儿人为敌，他想与塔塔儿人和平相处，准备与塔塔儿人联姻，把自己的女儿嫁到塔塔儿部，并且亲自送去。俺巴孩前往塔塔儿的时候，为了防止自己发生意外，曾指定自己的接班人，并嘱咐：如果自己发生意外，后代一定要为他报仇。塔塔儿人背信弃义，乘机逮捕了俺巴孩并送到金国。

俺巴孩汗被送到金国后，金国皇帝不但从语言上侮辱他，而且对他施加酷刑，用残酷的钉“木驴”刑杀害了他。俺巴孩汗临死前说：“我是万民的可汗，竟因为送自己的女儿，被塔塔儿人擒拿。今后你们要以我为诫！你们就是把自己的五个手指甲磨掉，十个手指头都磨坏了，也要给我报仇！”这种仇恨，深深地刻在了族人的心里。

当塔塔儿人把俺巴孩献给金国以后，乞颜部落便自动地集合起来，推选忽图剌为汗。忽图剌便率领蒙古人前往塔塔儿报仇，他率领部队进攻塔塔儿部，两个部落前后一共打了13次仗，都不能取胜。忽图剌汗又进兵金朝，虽然没能替俺巴孩汗“报仇”，但也使蒙古部在战争中逐渐成长壮大。铁木真的父亲也速该就是在忽图剌汗时期，在与金人和塔塔儿人的战争中屡立战功，被称为“勇士”。

蒙古部对塔塔儿人的13次战争都没有取得明显胜利，然而就在也速该的长子铁木真出生的那一天，他以奇袭的办法俘虏了塔塔儿人最重要的酋长和战将铁木真兀格和豁里不花等人，蒙古部获得了空前的胜利。

1162年，当也速该刚与塔塔儿人作战获胜归来，得知自己喜得贵子，便用他所俘获的塔塔儿部首领铁木真兀格为自己的儿子命名。“铁木真”有坚强的意思，在蒙古语中，“铁木真”有“铁匠”“铁匠炉”的意思，引申为“像铁一样坚强”。后来蒙古人还有在春节期间祭祀铁匠的习俗。

传说铁木真出生的时候，“手握凝血如赤石”，这使得他的出生充满了神秘色彩。他是上天给予草原人们一个独特的眷顾，为他们送来了英勇无双的射雕英雄。他注定将成为蒙古草原的英雄、欧亚大陆的统治者、世界上最伟大帝国的主人。

铁木真的童年是先甜后苦、跌宕起伏的。父亲也速该是乞颜氏部落的勇士，在乞颜氏部落深受族人尊敬爱戴。父亲威望过人，小小的铁木真作为也速该的长子也是备受大家的喜爱，然而这种幸福的生活没有持续几年。

铁木真九岁的时候，“其目有烨，其面有光”，长相异于凡人，翁吉剌部的特薛禅觉得他仪表不俗，确实具备与众不同的素质，很是垂青于他，就将自己的女儿许配于他。也速该在送铁木真联姻的归途中，被世仇塔塔儿部落毒死。也速该在临终前，嘱托他的一个心腹蒙力克，让他领回铁木真并照看他们的母子。蒙力克把铁木真领了回来。随后泰赤乌部头目塔儿忽台鼓动族人抛弃了铁木真和他母亲，从此，孤儿寡母陷入了非常悲惨的处境。

蒙古草原处处充满了背叛、陷阱、劫掠和屠杀，在这样环境下，人被杀戮就像牛羊被屠宰一样平常。处境的天翻地覆的变化，使年幼的铁木真的心灵受到了严重的创伤，幸福的生活转瞬即逝，悲惨的命运接踵而至。铁木真九岁丧父，开始独自面对人生所要面临的最严峻的形势。他不但要养活自己，养活家人，还要时刻防备敌人斩草除根，备受族人的冷漠相待，铁木真此时此刻就处于这样的严酷的环境之中。

年幼的铁木真被残酷的现实惊呆了，他想不到无忧无虑的生活已经结束，失去强壮、有势力的父亲，他将依靠谁呢？对于一个仅仅九岁的孩子来说，除了失声痛哭，他又能做什么……

第二节　动物凶猛

草原的生存法则是残酷的，弱肉强食是基本的生存之道。

乞颜部的“勇士”也速该不幸被世敌塔塔儿部落害死，首领遇害，部众百姓自然纷纷离散，铁木真母子也颠沛流离，生活异常艰苦。

泰赤乌人同铁木真一家的恩怨是从也速该的时候开始的。与塔塔儿人作战获胜以后，也速该“勇士”的名头更加响亮。“勇士”的声誉吸引了大量的跟随者，也速该逐渐掌握了更多的部众，扩大了自己的实力，由此也招来了同族的泰赤乌人的忌恨。在当时的一次蒙古部族的汗位竞争中，由于也速该的反对，泰赤乌氏族的首领遭到失败，因而对他恨之入骨。

也速该遇害以后，泰赤乌人便趁火打劫，迫害铁木真孤儿寡母。他们落井下石，率众沿斡难河迁移，不通知铁木真母子，使之陷入绝境。蒙力克的父亲前去劝阻，不仅挨了骂，还被泰赤乌人在背上扎了一枪。

家里没有成年男子，母亲诃额仑只好挑起了重担。她骑上马，举起氏族的大旗去追赶自己的部众，有些人回来了，但当他们看到孤儿寡母终究难以作为靠山时，又陆续投奔泰赤乌、札只剌等部去了。

铁木真兄弟与母亲相依为命，他们赶着少得可怜的牲畜在斡难河上游的不儿罕山附近流浪，全家只剩下了九匹马，这是他们作为贵族的唯一标志了。他们采集野果、挖掘草根、捕鸟、捕鱼，艰难度日。

也速该乞颜被塔塔儿人毒死之后，共留下了六个孩子，弟兄六人并非一母所生，他们之中，四人是诃额仑夫人所生，另两人别克帖儿和别勒古台是也速该另一个妻子所生，兄弟之间不断发生冲突。他们之中，铁木真是长子。生活的贫苦、处境的孤立，再加上眼界的狭窄，使他们兄弟之间产生了彼此嫉妒和怨恨之心。铁木真首先要面对的，就是家庭内部的兄弟们的争端。

铁木真原来是个连狗都怕的孩子，在艰苦的磨难中他完全改变了性格。生存竞争，不仅在人与动物、人与自然之间展开，还要在同胞兄弟中发生。铁木真和合撒儿是诃额仑所生，他们的两个弟弟年龄更小，还根本不能劳动，别克帖儿与别勒古台却身强体壮，为了有限的食物，他们经常与铁木真兄弟发生争夺。

在六个兄弟中，铁木真虽然说是老大，但是弟弟别克帖儿生得身强力壮，非铁木真所能抵抗。别克帖儿天性暴躁，仗着自己强壮，常常通过武力欺负铁木真兄弟。

据史书记载，铁木真因与异母弟别克帖儿、别勒古台争夺小鸟、小鱼，一怒之下伙同合撒儿射杀了别克帖儿，受到了母亲诃额仑的严厉训斥。

当时，铁木真、合撒儿、别克帖儿和别勒古台兄弟四人在斡难河畔钓鱼。他们钓到了一条非常漂亮的小鱼，名金色石鲸。结果四人起了争执，分成了两伙，铁木真和合撒儿为一方，别克帖儿和别勒古台为另一方。最终，别克帖儿和别勒古台力大，把鱼夺了过去。铁木真和合撒儿回家向他们的母亲告状说："吾等钓一金色石鲸，被别克帖儿和别勒古台夺矣！"但是他们的生身之母诃额仑夫人不但不认为他们有理，反而袒护别克帖儿和别勒古台。诃额仑夫人现在是一家之长，她所考虑的是氏族的利益。她当即回答铁木真和合撒儿道："休矣！汝等兄弟之间，奈何相争如是焉？"接着她又强调指出他们目前所处的孤苦无依的处境说："须知吾等如今正自影外无其友，尾外无其缨也。"诃额仑夫人还特别强调指出，他们兄弟必须承担起复仇的重任。她说："汝等务必同心，只可一心想着，如何方能向泰赤乌人复仇？汝等兄弟安可效昔日阿兰母之五子不睦也耶？汝等其休矣。"

然而，铁木真和合撒儿却不以为然。因为，他们认为，别克帖儿恃强凌弱，已非偶然为之，实是已成习惯。前不久，铁木真和合撒儿射下一只云雀，也被别克帖儿夺了去。所以，铁木真和合撒儿二人听了母亲的训斥，心中甚为不悦，遂出而私语道："昨日夺我等所射之云雀，今日复夺我等所钓之石鲢，长此以往，不可共存之也！"

悲剧很快就发生了。艰难困苦的生活已使这对年轻人具有了成年男子的火暴脾气。当时，别克帖儿正坐在一座小山上看守全家仅有的九匹马。铁木真和合撒儿经过一番策划，便立即开始行动。铁木真从后面蹑手蹑脚地接近别克帖儿，合撒儿则从前面接近别克帖儿。两人在茂密的草莽中匍匐前进着，悄悄地接近目标，就像猎人不想过早地惊动猎物而悄悄地接近猎物一样。铁木真兄弟俩此时的猎物就是他们的同父异母兄弟别克帖儿。别克帖儿这时正坐在小山上专心放牧，丝毫没有觉察到正在发生的事情。一直到铁木真二人突然站起身来弯弓搭箭向他瞄准时，他才发现二人已经来到了他跟前。他试图平息铁木真二人的怨恨，像刚才诃额仑母亲那样向他们指出应该团结起来对付共同的敌人泰赤乌人。他对二人说："吾等不应自相残杀，宜合力向泰赤乌人复仇，彼等对吾等之凌辱至今尚在……汝二人奈何以吾为眼中之睫、口中之梗乎？"

但是，别克帖儿这番话丝毫没有打动铁木真兄弟二人的心。箭在弦上，眼看就要射出。别克帖儿无奈，只好向他们最后恳求道："勿毁吾炉灶，勿杀吾弟别勒古台！"别克帖儿说完，便盘腿端坐等死。铁木真和合撒儿一个瞄准其前胸，一个瞄准其后背，同时朝这个"共同的靶子"射去。别克帖儿应声倒下了。铁木真兄弟二人收弓扬长而去。

两个年轻的杀人者就这样回到了家里。诃额仑夫人一看二人的脸色，就明白发生了什么事，不禁怒从心起，严厉责骂道："杀人魔鬼！汝等如下山之猛虎焉；如难抑其怒之狮焉；如欲生吞猎物之莽魔焉；如自冲其影之海青焉；如窃吞其他鱼类之狗鱼焉；如食其羔踵之雄驼焉；如乘风雪而袭之狼焉；如难控其仔而食之狠鹘焉；如护其卧巢之豺焉；如捕物不贰之虎焉；如狂奔驰冲之猛兽焉。然则汝等正值影外无友，（马）

尾外无缨之时也。汝等忘却泰赤乌对吾等之凌辱，无能复此仇矣！”

诃额仑夫人引用前人之言，严厉训斥着她这两个儿子的不义行为。她又气又急，把铁木真兄弟狠狠责打了一顿，教训他们现在大敌当前，兄弟们之间怎么能够互相残杀呢？兄弟们团结友爱，一致对敌才是最重要的。别克帖儿临死前，指责铁木真怎么可以为了小事伤了兄弟情谊。现在又受到了母亲的指责，铁木真十分后悔，对弟弟临死时的遗言真心听从，从此之后再也不残害手足。铁木真一直善待另一异母兄弟别勒古台，和他一起开始了为父报仇、争夺天下的大业。而别勒古台也没有因为自己的同母哥哥被杀而怀恨在心，对铁木真始终是忠心耿耿，由此可见铁木真有着一种惊人的人格魅力，使他成为人们归附的对象。

穷人的孩子早当家，铁木真长到十三岁的时候，已经高高的个子，变得十分强壮了。苦难的经历使他早已不把自己当成孩子，别人看到铁木真，也觉得他已长大成人。仇敌泰赤乌人十分担心，他们害怕铁木真兄弟长大了会报仇，便对铁木真兄弟展开了追杀。

泰赤乌首领塔儿忽台对部下说道：“鸟儿的翅膀硬了，羔羊的身体壮了，该是我们进攻的时候了。”于是他率领一些士兵找到了铁木真的家。诃额仑得知消息，吩咐孩子们躲进山林。铁木真、合撒儿、别勒古台将母亲、妹妹和两个年幼的弟弟藏进了山石当中，而后他们砍木头、筑工事，忙个不停。泰赤乌人包围了他们藏身的不儿罕山，因为山高林密，他们不知道铁木真等人藏身何处，便展开了心理攻势，扬言：“只要把铁木真交出来，其余人将安然无事！”

铁木真听对方是冲着自己来的，打马就逃。泰赤乌人发现了铁木真的踪影，紧追不舍。铁木真向山林中最高的地方和树木最密的地方奔去，泰赤乌人搜索不果，决定采取以逸待劳的战术，重重包围，等铁木真出来。

铁木真在林中一直待了九天，但最后还是落入了泰赤乌人手中。塔儿忽台命人将铁木真用木枷锁起来，并严加看守，每过一处都要示众，以此来打消跟随泰赤乌人的孛儿只斤氏族百姓投靠旧主的念头。一天晚上，泰赤乌人在斡难河边举行盛大宴会，只有一个小孩看守铁木真。铁木真看时机难得，趁小孩不注意用木枷在他头上重重一击，小孩应声倒地。铁木真躲到一片树林中。那个小孩不一会儿醒了过来，扯着嗓子叫道："铁木真逃跑了！"

整个泰赤乌营地像炸了锅一样，嘶喊声和脚步声响成一片，无数火把像移动的星星散布在草原上。有个人举着火把向林中走来，铁木真看见那个人就是向自己走来，越来越近，他的心都跳到了嗓子眼儿。那个人看见了他，却没有抓他，而是端详了一会儿，对他说："你有才能，眼睛发亮，面泛红光，所以泰赤乌人才忌你恨你。你在这躲着吧，我不会告诉别人的。"

说完那个人就走了，迎面又有几个人打着火把走来，那个人对他们说："前面没有，还是到别处去找吧。"于是他们都往别处去了。

铁木真模模糊糊看见了那人的脸庞，记起他叫琐儿罕失剌。泰赤乌人没有找到铁木真，周围又变得静寂了。铁木真向四处一望，只见漆黑一片，他弄不清自己该向哪里走，到何处去。经过一番心理斗争，他决定到琐儿罕失剌家里去躲一躲。他记得琐儿罕失剌家整天捣马奶，于是他就循着捣马奶的声音找到了他的家。琐儿罕失剌父子殷勤招待了他，给他端上马奶和羊肉，琐儿罕失剌的儿子赤老温去掉了铁木真的木枷，铁木真美美睡了一觉。第二天，泰赤乌人又进行大规模探索，挨家挨户检查。琐儿罕失剌见形势危急，便把铁木真塞到羊毛车里，总算逃过了检查。在琐儿罕失剌父子的安排下，铁木真骑着一匹黄骒马逃回了家乡。

铁木真的生还使全家人喜出望外。为了避免泰赤乌人再来进犯，他们迁至了远处的古连勤古山中，继续他们的艰难生活。铁木真被俘时，家产被泰赤乌人一抢而尽，所有的牲畜都被抢走了，幸好琐儿罕失剌送了他一匹马。这样，他苦心经营，家里的牲畜渐渐多了起来，又恢复了九匹战马。铁木真对待马匹，犹如亲人一般，盼望它们长的膘肥体壮，骑着去奋勇杀敌。

有一天，竟然来了一伙盗马贼，将九匹马，盗去了八匹。马匹是游牧民族最重要的财产，更是穷苦牧民赖以生存的命根子，没有了马，牧民就失去了最基本的生存资料，无法进行狩猎、迁徒，甚至无法出行。对于家境贫困的铁木真一家来说，这简直是致命的一击！铁木真怀着绝望之情，骑着他仅剩的一匹马追赶盗贼。

马过之处都有痕迹，铁木真就顺着这些踪迹寻找，一连走了三天还是没有找到。第四天清早，他来到了一座蒙古包前，有一个少年正忙着，铁木真问他是否见到过有人赶着八匹马路过。那个少年说："早晨确实有几个人赶着一群马从这经过。"他询问了铁木真的姓名，当铁木真告诉他时，他两眼一亮，说他终于见到了最佩服的人，于是二人结成了朋友。少年告诉他自己叫博尔术，他的父亲与也速该曾是好朋友，铁木真只身从泰赤乌人手中逃脱，博尔术早有耳闻。博尔术给铁木真换了一匹更健壮的马，自己也骑上一匹，同铁木真一起寻找丢失的八匹马。

他们接连追踪了好几天，终于在一个营地发现敌人。

铁木真和博尔术先观察好动静，商量黄昏时再行动。两个年轻的小伙子在一起谈得非常投机，于是趁着白天时间互相切磋技艺。蒙古族人都是从小学习骑射，铁木真与博尔术便提议比赛箭术。

蒙古高原上有一种特别凶猛的雕，飞行速度极快，常沿着直线或圆形滑翔于高空。在难以攀登的悬崖上筑巢，主要捕食大型的鸟类和中小型兽类。又长又厚的钩嘴、锋利粗壮的爪子和强健有利的翅膀，是这种“空中霸王”的三件法宝。这种鸟进攻能力强，而且善于躲避猎人的弓箭，只有箭术特别高明的猎人和草原上的神箭手“哲别”才能射中它们。

铁木真和博尔术比赛箭术的目标就是射大雕。博尔术先来，他张弓瞄准，离弦之箭以迅猛的气势直冲云霄，一只雕应声而落，实为骑射高手。轮到铁木真了，他举起弓箭，右膝跪地，左手稳稳托住铁弓，右手运劲，将一张硬弓拉了开来。眼见两头黑雕比翼从右侧飞过，铁木真左臂微挪，瞄准了黑雕项颈，右手五指松开，弓弯如满月，箭去似流星。黑雕来不及躲避，箭杆已穿颈而过。这一箭劲力未衰，接着又射进了第二头黑雕腹内。铁木真一箭双雕，显露了草原男儿的英雄本色，博尔术对他更加佩服。

黄昏时，铁木真和博尔术把马群赶了出来，狂奔不止。盗马贼们发现后追赶不休，铁木真和博尔术用箭射伤了好几个人，阻止了他们继续追赶。天越来越暗，两人借着月色的掩护，回到了博尔术家中。

回到博尔术家中时，博尔术的爸爸正为儿子的失踪伤心呢。博尔术把铁木真介绍给了父亲。父亲惊喜交加，谈起了他与也速该相交的往事，并且勉励他们互相照顾，祸福同当，让他们结成了安答。铁木真非常感激博尔术的慷慨相助，对博尔术说：“朋友，如果没有你的大力相助，这群马是不可能被夺回的，现在我将其中的一半分给你作为报答，以谢你的大恩吧！”博尔术拒绝了铁木真的提议，他是把铁木真当成了真正的朋友，绝不是为了得到他的财产。

铁木真辞别了博尔术父子，回到家里。九匹马算保住了。不过最让他感到兴奋的是，他有了平生第一个知心好友！经过这几年的风雨漂泊，铁木真感到自己已经成熟了。生活中尽管充满了饥饿，充满了惊险，充满了威胁，但是是琐儿罕失剌父子冒死相救、博尔术父子真心帮助，拨动了铁木真生命深处的希望之火，他渐渐意识到了他自己的巨大潜力！他的活力开始激发出来。

铁木真童年遭遇坎坷，历经风险，甚至差点成为阶下囚。但他以过人的胆识与冷静摆脱了险境。接着，家中的主要财产马群被人劫掠，他又果敢而顽强地夺回了马群。在这两次经历中，最使我们感到震惊的是，年轻的铁木真对周围人的影响力如此之强，小小年纪就已凭借自己的人格魅力吸引着无数勇士为之卖命：琐儿罕失剌甘冒生命危险救护处于被搜捕境地的铁木真，正是由于他当时受到了铁木真表现出的首领气质的吸引；博尔术同铁木真一见面就把自己交给了他，并从此把自己的命运同铁木真的命运永远地连在了一起。

人们之所以追随他，都是由于铁木真那双犀利的眼睛随时闪烁着的摄人心魄的光芒，那是真正的英雄之光。

第三节 夺妻之恨

草原盛传铁木真是手里握着血块出生的，这是吉祥的象征。对崇尚祥瑞的蒙古人来说，铁木真是天生奇人，是值得追随的英雄。

长大成人的铁木真开始运用他父亲留下的威信，逐渐召集原来的部众，打开局面。铁木真召集人马的消息一传开，吸引了众多人前来投靠。者勒蔑的父亲扎儿赤兀就是听说此事之后，背负风匣远道而来投靠的。据说，他表面上背着打铁用的风匣，以向人表示匠人不知政治，但在风匣箱中却藏有貂鼠皮袄。他认为铁木真将来必成大器，所以带来这种贵重的见面礼，他让儿子做铁木真的伴当，以此表示世世子孙都拥戴铁木真为主，他的两个儿子者勒蔑、察孛儿罕，后来都成了铁木真手下的名将。

此时的铁木真已经表现出了很强的领导才能和领袖气质，能吸引到各方豪杰为他卖命，只要他振臂一呼，应者云集，很快就形成了一股强大的势力。他的部将中纯粹的蒙古人并不多，很多人都是因为倾慕铁木真的威名，抛弃了自己的部落，前来归顺的。

铁木真十八岁的时候，已经到了结婚的年龄。当初是父亲亲自到翁吉剌部去给他提的亲，尽管铁木真的家庭已经是一落千丈，特薛禅并没有悔婚，在信守诺言方面，他是毫不含糊的。诃额仑觉得是办喜事的时候了，便让铁木真与别勒古台到翁吉剌部迎亲。特薛禅很爽快地把女儿勃儿帖交给了铁木真。女方陪嫁的有一些牛羊，最值钱的是件珍贵的黑貂鼠皮袄，孛儿帖把它当做见面礼，送给了婆婆。

蔑儿乞部是蒙古的一个古老的部落，住在贝加尔湖以南。1179年的一个早晨，蒙古乞颜部落全营的人刚刚穿衣起床完毕，铁木真还没有披起战袍，就远远看见有大队人马像龙卷风似的扑来。这是蔑儿乞部前来突袭。来袭的蔑儿乞骑兵有一千多人，他们出其不意，想来仇家乞颜部落掳夺妇女马匹。他们听说铁木真刚刚迎娶了美丽的新娘孛儿帖，于是首先就要掳去她，以报昔日也速该从蔑儿乞人手中抢走诃额仑之仇。

大地在震动，战马的嘶鸣声由远处传来。

因为泰赤乌的目标一直是铁木真，诃额仑吩咐他立即上马先逃，而后她与另外几个儿子也上了马，向山林中逃去。慌乱之中谁也顾不了许多，马匹都被骑走了，孛儿帖、豁阿黑臣和别勒古台的母亲无马可骑。敌人在逼近，火把把远处的天空都映红了。无可奈何之际，女仆驾起了牛车，让孛儿帖和别勒古台之母坐在车中逃走。

老牛慢慢腾腾，任凭怎么打，始终迈着四方步走。敌人很快就赶到了，他们围住了帐房，吼叫着、践踏着。当他们发现人已不在后又分散开到各处搜索。

牛车被敌人拦住了，孛儿帖等人都落入了他们之手。孛儿帖已意识到即将到来的不幸，然而她万万没有料到事情比这还不幸，她被俘获才知道，敌人并非泰赤乌人，而是蔑儿乞人。多年以前，也速该从蔑儿乞人手中抢来了诃额仑，现在，她，铁木真的妻子，诃额仑的儿媳，又成了蔑儿乞人的怀中物！

当蔑儿乞人知道她竟是铁木真之妻时，无不兴高采烈，因为他们终于报了几十年前的深仇大恨！他们围住了不儿罕山，到处搜索铁木真兄弟。但是天色越来越黑，搜了很长时间也没找到一个人。于是他们像潮水一样撤退了。铁木真他们在山中待了整整一夜，第二天才下山。家里的房子被烧光了，牛羊被抢走了，营地上狼藉一片。

铁木真面对遭劫后的废墟，心中既难过又愤怒，而更令他难以承受的是孛儿帖的失踪，难道她被泰赤乌人捉住了？通过多方打听，铁木真等人才知道，攻击他们的是凶悍的蔑儿乞人，他的妻子被蔑儿乞人劫去了！想到亲爱的妻子落入虎口，被敌人百般蹂躏，铁木真浑身的血都在沸腾！

他要复仇，要抢回自己的妻子，但是，他凭什么，凭自己身边这几个人，去和凶悍的蔑儿乞人厮杀，无异于以卵击石。残酷的现实使铁木真冷静了下来，他意识到武力才是一切！

虽然铁木真扯起大旗，招兵买马，已经有了一定的实力，但和兵强马壮的泰赤乌部、人多势众的塔塔儿部、勇敢善战的篾儿乞部相比，简直是微不足道。如果他敢于出击，无疑是拿鸡蛋碰石头。他当然不能这样做。经过再三考虑，他认识到，首先要积极发展自我、保护自我，不要主动出击，然后联合其他一些部落，壮大自己，这才是上策。

蔑儿乞人掠夺新娘的目的达到了，但是他们打击铁木真的目的却没有成功。铁木真似乎是相当轻易地吞下了妻子被掳这一剂苦药。同让孛儿帖骑马而因此危及自己的安全相比，铁木真宁愿让别人把新婚妻子掳去。因为孛儿帖的被掳会拖延入侵者的时间，从而使作为蒙古部首领的他有时间躲入丛林。铁木真的母亲诃额仑曾对他说过一句话："汝若能保住性命，不愁再娶不着好女美妇。"在危机的时刻，铁木真牢记着母亲的教诲，而不是去和敌人做无谓的拼死战斗！

英雄的退却只是暂时的！铁木真没有忘记自己的妻子，他绝对不愿意永远地失去爱妻。蔑儿乞人返回以后，铁木真立即重整旗鼓，制定夺回妻子的战斗计划。

妻子被劫的奇耻大辱，对蔑儿乞人的战争是不可避免的了。这一仗是为了洗雪夺妻之恨，也是为了草原争霸的第一步，只能胜利，不能失败！为了这场非同寻常的战斗，铁木真进行了周到细致的准备。他想方设法，收罗人才，吸引原来的部众。经过一段时间，他的力量得到恢复和壮大，很多部众回到了他的身旁。但面对以强悍著称的蔑儿乞人，面对贼心不死的泰赤乌人，铁木真的力量仍然是微不足道，自保尚且不足，何谈报仇，何谈争霸？残酷的斗争，和现实告诉铁木真，光凭自己的力量是远远不够的。只有一个办法，那就是借助别人的力量。

谁是真正的盟友呢？铁木真和母亲想到了克烈部的大汗（后来被称为王汗）。他曾经是也速该的结义兄弟，当年走投无路时，也速该帮助过他，不但救了他的性命，而且派兵帮助他夺取了汗位，可以说是他的大恩人。此时，他已经是草原一霸。由于他和塔塔儿人、篾儿乞人都有仇，铁木真觉得可以借助他与父亲的关系取得他的支持，对付共同的敌人。于是他决定去拜见这位长辈。为了取悦王汗，铁木真把妻子送给母亲的珍贵的黑貂鼠皮袄拿了出来，作为件礼物去见王汗。

铁木真见到王汗后，极尽尊敬之能事，又献上珍贵的礼物，王汗心里很是高兴，一边回忆也速该与他的旧谊，一边允诺说只要铁木真有困难，他一定会尽力相助。因为王汗与也速该是把兄弟，铁木真就把王汗称为汗父，这更使王汗感到十分受用。就这样，铁木真有了靠山，大树底下好乘凉，他的信心也增强了。

有了克烈部这杆大旗，铁木真开始壮大自己的力量，更多的旧部也逐渐回到他的部下。他的身边又多了者勒篾、博尔术等几个勇敢的帮手。孛儿只斤氏族表现出了勃勃生机。铁木真顺利地走出了谋求草原霸主的第一步。

铁木真之所以有把握汗父会支持他，还因为他考虑到蔑儿乞部也是王汗的敌人。当王汗只有七岁时，他所在的部落遭到蔑儿乞部的抢掠，王汗与母亲都被抢去了，他作为蔑儿乞人的奴隶度过了充满辛酸的少年时代。作为现在的克烈部大汗，王汗对于那段日子自然刻骨铭心，再加上铁木真一挑拨，肯定会发兵报仇。

铁木真不打无把握的仗，于是又邀请了札只剌部的札木合一起出兵。札只剌部与蒙古部同祖，当时的领导人是札木合。选择札木合做盟友，也是考虑到札木合也曾受过蔑儿乞人的侵略。在一次战斗中，札木合的许多财产、部众被抢走，手下只剩了三十多个人，过着流浪生活。后来实在走投无路，他想了一个极其冒险的办法——投靠蔑儿乞人。札木合用自己的聪明、机智博得了蔑儿乞贵族的好感，逐渐放松对他的戒备。有一天夜里，他率领这三十个人溜进了蔑儿乞首领的大帐，当时首领的侍卫们没在身边，札木合利用这个机会，逼迫首领交出部众和财产。就这样，札木合又恢复了自己的力量。由于篾儿乞人勇敢善战，札木合虽然怀恨在心，却不敢轻易兴兵征讨。这次铁木真盛情相邀，三支力量聚集在一起，胜券在握，札木合欣然答应。

三人商议决定，由王汗出两万兵，札木合出两万兵，铁木真出一万兵，分路向蔑儿乞人进攻。他们约定了在某个地方会师。但是由于下雨，王汗与铁木真的人马迟了三天才到。本来战争的统帅应是势大位尊的王汗，这一下札木合有了借口，因为他按时来到会师地点，所以便大发牢骚："虽风雨亦践其约，虽天雨亦赴其会，非谓勿误所约！蒙古非忠于诺言者！"

札木合表面是说"蒙古人"，批评铁木真，实际上却是旁敲侧击，指责王汗。王汗自知理亏，只好说："本来约好三日前会师，但我们迟到了，要打要罚，全听札木合兄弟处置。"最后札木合做了联军的统帅，指挥整个战斗。

由于联军采取夜间奇袭战术，蔑儿乞人没有丝毫准备。联军顺利攻入，蔑儿乞人人喊马嘶，乱成一团。这场战争很快就结束了。铁木真一边冲杀，一边喊着"孛儿帖！孛儿帖！"最后在一个角落里找到了她。很快战斗就接近尾声，蔑儿乞人一部分逃跑了，一部分被联军所杀，没有被杀死的就成了联军的俘虏。别勒古台的母亲当时和孛儿帖一起被蔑儿乞人所掳，这下见到自己的儿子来救，不但没有高兴起来，反而羞愧万分，掩面跑到深山老林之中，再也不见人了，以后她是死是活也没人能知道。

分配战利品很顺利，大部分都归了王汗和札木合，因为他们帮助铁木真复仇，当然要得到报酬。铁木真懂得这个道理，不但没有与他们争，反而表现得慷慨大方。

第二章

蒙古战神

第一节　乞颜可汗

“沧海横流，方显英雄本色”。草原人崇尚公平决斗，连只有几岁大的蒙古孩子也懂摔跤和骑射。初具实力的铁木真处于强敌环伺之中，天生的蒙古族血液在他的体内沸腾，激起了他的雄心和斗志。他无畏无惧，兵来将挡。正是在实力与武力的争雄与战争中，铁木真脱颖而出。他善于联合强有力的盟军，善于重用英勇的豪杰战将，他的部队像草原雄鹰一样主宰着战场，他是蒙古草原上的战神。

铁木真在王汗与札木合的帮助下夺回了妻子，铁木真与札木合的关系更加密切了。铁木真与札木合父辈便交好，又自幼结为安答。经过对蔑儿乞部的战争，更加深了彼此的感情。铁木真放弃了桑沽儿小河边的旧营，与札木合一起在斡难河流域的豁儿豁纳黑川游牧。

为什么铁木真没有回原来的驻地，而是跟着札木合走了呢？一般人认为他们是把兄弟，札木合出于照顾铁木真的需要才让他与自己同行。倘若仔细考虑一下，这件事并不简单。虽然铁木真与札木合是把兄弟关系，但与王汗也不疏远，他其实已经自己承认是王汗的臣属和义子了，从“照顾”这个角度讲，王汗更有实力，也更有义务。为什么铁木真最后跟札木合走了呢？

这场战斗的联军指挥官是札木合，他对于战果的处理也有发言权。

铁木真跟札木合走，就等于承认是他的部下和臣属。当时札木合是草原上正在崛起的一颗新星，虽然不能说他有统一草原的霸权野心，但称雄的愿望还是有的。相比之下，年老的王汗贪图享受，但求无事，缺少扩大势力的动力。从战斗指挥权的争夺上就能看到他们二人的差别。札木合带走铁木真，实际上打了一张王牌。他看到铁木真是蒙古部复兴的希望所在，控制了铁木真，就控制了蒙古部。他的手下有很多人是蒙古人，他们是泰赤乌部抛弃乞颜氏族时投奔而来的，有了铁木真，这些人会更加驯服。当然，札木合还可以打铁木真的旗号收集其他蒙古人，进一步扩大自己的力量。

这是札木合的如意算盘。

札木合打着自己的如意算盘，他认为这是他走向辉煌的重要一步。他的智力与胆识都有过人之处，《史集》中这样描写他："当时，这个部落的著名领袖中，有个札木合薛禅。他被称为'薛禅'，是因为他极其聪明狡黠。铁木真称他为'安答'，但这个人经常对他要阴谋、背信弃义和搞欺骗，而且图谋将国家抓到自己手中。"其中关键的一个词"极其聪明狡黠"，一针见血地指出了札木合智力超群的特点。如果不是遇见铁木真这样更高明的对手，他的成功可能性要大得多。

铁木真之所以跟札木合走，还有自己的算盘。如果他继续保持独立，王汗与札木合也不会拿他怎么样。但铁木真清楚，他不能失去这两个人的支持，如果失去了他们，蔑儿乞人与泰赤乌人很可能趁他势力单薄，前来进攻。投靠他们虽然意味着失去独立性，但铁木真要借助这两个人的声势扩大自己的影响，趁机收集蒙古部众，积蓄力量。对当时人微言轻又实力不足的铁木真来说这是一条成功的捷径。当然，走这条路是有风险的。一场权力斗争的游戏就这样开始了。铁木真正是通过这场战争和投靠札木合，在草原上迈开了游戏的第一步。

铁木真与札木合在一起生活了一年多的时间。有一天札木合与铁木真商议迁居何地，札木合说："铁木真兄弟，如果依山为营，放马的人有帐房居住；如果与水为临，牧羊的人将饮食无虞。"

铁木真不明所以，就回家问母亲诃额仑，妻子孛儿帖抢着说："素闻札木合喜新厌旧，他一定是要抛弃我们，他刚才所说的，正是讨厌我们的话。我们还是不要驻扎，继续前行。"

札木合要抛弃铁木真？如果这是真的，也要有原因的。与札木合同处的这段时间中，铁木真的势力急剧增长，他的部众已远远不是攻打蔑儿乞时的那些人，更不是只有九匹马的时候了。与札木合分开后不久，铁木真就被推为蒙古大汗，这不是很值得深思吗？其实，铁木真的算盘打对了，他挖了札木合的墙角，号召蒙古人回到他的帐下，札木合手下绝大部分蒙古人都成了铁木真的臣民了。而札木合收集的部众又被铁木真收买，札木合偷鸡不成反蚀一把米，不分开行吗？到底是札木合赶铁木真走还是铁木真叛离札木合，这并不重要，重要的是他们不是好聚好散。从此以后，昔日的安答成了冤家对头，这就更说明了他们之间的利益冲突之激烈。

在这场游戏中，铁木真成为大赢家。标志着他正式取得了草原争雄的资格，也印证了借助别人力量壮大自己这一战略的正确性。这种借助他力为自己服务的计谋，铁木真后来屡试不爽。

纯真的友谊使他们互相体贴、形影相随，但现实的利益又使他们分道扬镳、各奔前程。希望争当草原霸主的札木合对铁木真急切地收聚部众存有戒心，而雄心勃勃的铁木真自然也不甘心永远寄人篱下。因为日常言语中的冲突和现实利益的考验，在一起游牧了一年半以后，铁木真在母亲的建议下离开了札木合。

离开了札木合，铁木真就像是恢复了自由的鹰隼，可以在草原无垠的天空中任意翱翔了。他率领自己的将领、部众从斡难河中游的札木合营地，迁回到昔日的驻地——怯绿连河上游河边，安营驻扎，独立建起了自己的营帐——“斡耳朵”，正式打出了自己的旗帜。

蒙古族自从忽图剌汗和也速该死后，分崩离析，失去了强有力的领导核心，各氏族开始自谋发展，以至部族内部也战争不断，实力大损，威望日下。战争的苦难，使人们期望新英雄的出现，草原期盼出现新的霸主。铁木真崛起，以他政治家和战略家的气魄，逐步得到更多人的尊重和投靠。札木合虽然也是领袖人物，却声誉日下，在与铁木真的第一次竞争中，就落了下风，他的很多部下，因为不满他的所作所为，开始抛弃他，转而来投靠铁木真。很多别的部落的英雄力士，知道铁木真自立门户后，也争相慕名而来。还有一批贵族因害怕被兼并，又想借助铁木真获得更多的财富，也带着自己的属民纷纷前来。很快，铁木真的力量像滚雪球一样，越来越大。据记载，背叛札木合投奔铁木真的有四十多个贵族，二十多个氏族部落，其中忽必来、速不台后来成了举世闻名的大将。铁木真的叔父答里台斡赤斤、堂兄忽察儿、忽图剌汗之子阿勒坛、主儿勤氏贵族泰出等都成了铁木真的拥护者。

蒙古各个部落一直都盛行着原始宗教萨满教（巫教），12～13世纪时，萨满教对蒙古高原各部落的影响力进一步增大，成为蒙古人民的精神控制力量。萨满教相信已经死去的祖先和其他人的灵魂不灭，相信万物有灵，这些精灵有善有恶。萨满教通过请求所崇拜的善的精灵去战胜邪恶势力，对付疾病和灾难，以保护人们的健康和财产。萨满教在蒙古的势力渗入各个角落，各部落的民众都信仰萨满教，相信世间的一切都有赖于萨满教的主身“长生天”的伟大力量。

铁木真也信奉萨满教，并把它作为支撑蒙古国家、实现伟大霸业的精神支柱。他利用萨满教在蒙古人中的威望，把它当做一种宗教工具，宣称自己的权力是来自“天意”的“神授”，使自己的统治蒙上一层神秘的色彩。成吉思汗的汗号，也是他崇信的一位萨满教的叫豁儿赤的“孛额”顺应天意，尊称他为“成吉思汗”的。每次遇到重大事情，或者出征应战时，铁木真总要请“孛额”来占卜吉凶，并依据“天意”来进行战略部署，依此来统一军心，使自己的一切行为都合法化。

铁木真努力团聚部众，四处收集力量。许多部众陆续离开泰赤乌氏贵族和札木合投奔到铁木真帐下，他的实力日益壮大，下面团聚的部众愈来愈多。这时，一些萨满教徒也开始主动向铁木真示好，豁儿赤便是其中的一个。传说他做了一个奇怪的梦，通过“梦牛”梦见“长生天”给他神谕。他向铁木真预报了天神的启示，说这是铁木真将为国主的吉兆。铁木真听了十分高兴。豁儿赤所谓神的启示只是宗教传说而已，他实际上宣传了自己的政治主张，也说出了那些投靠铁木真的人的共同愿望：希望铁木真成为蒙古的汗王，统领他们征服草原各部落，自己也变成一个有权有势的人。而铁木真也感到豁儿赤的“梦牛”之说，对巩固自己的地位，为自己开疆建国有着巨大的宣传舆论作用，于是命令手下把这件事大为传颂。

豁儿赤趁机邀功要求铁木真封赐，他提出要求道：“假如你真的做了汗王，用什么来报答我这个报告好消息的人呢？”铁木真十分高兴，未加考虑便顺口答应道：“我真的做了汗王，就封你为万户！”豁儿赤是一个好色之徒，对升官发财不感兴趣，他说道：“做官有什么快活，我要在全蒙古国土上挑选30名美女侍奉我，这你能答应吗？”铁木真听后，大笑了一声说：“这有何难！”当即满口答应了他的要求。对于其他萨满教徒，铁木真也都许以高官厚禄，拉拢利用萨满教徒在广大群众中传播铁木真为天命大汗的思想，以利于受到更多各部落的拥护，成就千秋大业。

由于大批蒙古人都聚集在了一起，选择一位大汗已刻不容缓。1184年，蒙古部召开忽里勒台大会，进行大汗的推举。较有竞争实力的是忽图剌汗之子阿勒坛，铁木真的堂兄忽察儿，主儿勤氏的撒察儿别乞、泰出。相比之下，铁木真的年龄最小、资历最浅，势力也并不占优势，获选的机会不是很大。但铁木真策划得周密，豁儿赤的舆论使铁木真为大汗成了众望所归。在贵族大会上，铁木真又采取了有利的战略，保证自己当上大汗。

几位贵族都希望自己当上大汗，谁也不服谁。铁木真以退为进，当他们几个互相猜疑、谁也不首先表态时，先发制人，提议阿勒坛当汗，但没人附和。阿勒坛自己是不能推荐自己的，自然推辞一番。接着铁木真又推另一位，也是同样结果。把别人推举完了，还是没有人能负众望。当时的场面陷入了尴尬境地。

在这个大家实力相当、谁也不服谁的关键时刻，豁儿赤便以神的名义发言了，他称铁木真当汗是上天的旨意，谁也不能违背。在这种情况下，其他贵族既没有达成协议，仍然各自心怀鬼胎，铁木真无疑占了主动。其他贵族谁也不敢公开反对神旨，而又推不出一位与铁木真竞争的候选人来，只好顺应形势，推举铁木真了。于是铁木真就成了蒙古大汗，这一年他才二十二岁。

萨满教为铁木真获得汗位立下了大功，铁木真也真正感受到宗教的巨大力量，在他以后的战争中，他都牢牢地把握住宗教这一重要工具，强化自己的统治。

每逢重大的节日，铁木真都要举行盛大的宗教仪式，特别是在战争之前，利用宗教鼓舞士气。在对敌展开重大的军事行动之前，铁木真常亲自率领广大战士，举行萨满教对长生天祈祷的仪式，祈求长生天的庇佑。以动员广大战士，以天的庇佑、血族复仇思想，激发起广大战士的高昂战斗意志。在西征花剌子模国、出征金国之前，铁木真都曾亲自举行长生天庇佑的萨满教宗教仪式。

铁木真不仅对萨满教厚爱有加，他还深知宗教对人们广泛而深刻的影响，对各种不同宗教一律实行保护政策，允许人们宗教信仰自由，他尊重各地区各民族人民的习俗，深获民心，这就大大有利于其征服事业的进行和对被征服区的统治。

这时他领导的蒙古乞颜部落已经拥有部众数万，精兵万人，马匹无数，但是与漠北强部，如克烈部、乃蛮部、塔塔儿部等以及札木合为首的诸部联盟相比，仍是实力较小的部落。

蒙古贵族推举大汗要发誓向大汗效忠，大汗有权力控制、指挥手下的贵族和部众。但是贵族们都有自己的财产、军队、百姓，实际上相当于一个个流动的诸侯国。尽管大汗权力很大，但若没有足够的力量控制手下，也只能徒有其名。铁木真虽然成了大汗，但其他几个没有当成大汗的贵族心中不服，且又是他的长辈或兄长，所以铁木真还面临着严峻的考验。

面临着内外的巨大压力，铁木真仍旧需要寻找强有力的支持力量，他选择了联盟。

对于铁木真来说，他最主要的联盟活动是争取得到克烈部王汗的支持。他过去曾承认克烈部的王汗是自己的保护人，现在，他决定派答孩和速格该为使往告王汗，尽管铁木真没有事先征求他的意见，王汗对铁木真称汗一事仍表示很高兴，他对铁木真派去的使者说："汝等立吾子为汗，甚是！汝蒙古岂可无汗而居乎？"王汗还向来使表示，他将永远同铁木真保持良好的结盟关系，保持世代的友好。

王汗的支持是铁木真不败的后盾，但是强大的札木合仍然是一个严重的威胁。铁木真发奋图强，团结部属，上下一心，制定严格有效的法令纪律，组织起自己的宿卫部队，建成坚强有力的战斗核心，使得自己处于进能攻、退能守的有利地位。铁木真建立起蒙古历史上最为严格最为有效的战斗组织，他表现出超乎常人的远谋大略，靠着这些组织与法令，不仅形成了能够有效指挥整个部落的中军，而且减少了野心家的觊觎。这是他创业的基点，对于他日后的成功，极为重要。在此后相当长的一段时间里，铁木真称臣于王汗，联合王汗克烈部的强大兵力，逐一击破漠北强部和诸部联盟，逐渐壮大自己的实力。

铁木真自幼喜欢听老人们讲故事，从这些有关蒙古历史与人物的故事中，学习到辨别善恶是非及判断情势成败的能力。他又生长在艰苦的环境中，能够虚心地接近各种人物，进而了解他们的心理反应，所以铁木真的人生经验，远比一般人丰富。他自己开始为政，便立志吸取别人的长处，革除别人的短处和积弊。所以，他能集思广益，听取众人的意见，然后择善而从，彻底执行。为了巩固自己的汗位，他首先建立了内宿卫、外宿卫和散班巡察、物品供应四种部队，而这四种部队就是他指挥一切的行政首脑部门。队长、总队长，都是他的侍卫官，同时也是他的得力参谋，更是随时可以派遣去独当一面的大将。这样的组织，不仅可以保证他的命令得以有效地执行，而且可以把政治、军事和经济的大权，都集于一人之手。

首脑部门之下，还有两种组织：一种是组成十三个"古兰"，作为作战部队；另一种对生产单位进行分工，如管牧马、管牧牛羊、管对外贸易、管招徕宾客、管训练骑射、管围猎、管户口、管技术等，这都是军国体制下的野战军与政治组织。铁木真为了自己的部属可以作战，便将部落的百姓分给各个将领。将每十个生活在一起的壮丁组成一个十夫队，让其中的一人担任十夫长，而每十个十夫队组成一个百夫队，任命其中的一个十夫长担任百夫长，再在百夫队的基础上组成千夫队，而千夫长就是将军。各级领导人发展并运用就近可用的资源，来养育、训练、支持和协助他们所指挥的部队，使之保持精力充沛、士气高昂、信心坚定，能以最好的状态参加作战行动。这是一种能够调动各级军官与士兵活力的体制，在蒙古历史上是第一次出现，充分反映了铁木真的战略之谋与组织之谋。

铁木真在宗教上利用萨满教在蒙古人中的威望，把萨满教当做一种宗教工具，宣称自己的统治是合法的"天意"；军事上推崇联盟策略，借助他人的力量崛起；政治上善于团结各阶层、各部落、各民族的人，得到民众的支持。铁木真正是依靠这些策略，广泛地联合各方面的力量，在蒙古高原中异军突起……

第二节　十三翼之战

“一山难容二虎”，这一句千古相传的古训在蒙古大草原上得到了验证。当铁木真这只初生的幼虎渐渐成长起来的时候，他所依赖的伙伴再也不能容忍他的继续成长，因为铁木真的目标绝不仅是填饱自己的肚子，而是称霸整个草原。铁木真无法掩饰身上的霸气，他就无法阻止盟友变成敌人。

铁木真曾依附札木合，想依靠他恢复乞颜部。在札木合部，铁木真以天下国家为己任，以申大愿、立大志的言行举止打动了札木合部众多英雄豪杰之心。所以当他脱离札木合后，札木合的部属因怀念铁木真的才能与志向，而自愿脱离札木合，纷纷投靠铁木真。而铁木真在得到众人的归附与效忠后，也能充分发挥每个人的力量与才能，与他们共创大业。

铁木真追随札木合的时候，他身边只有博尔术、者勒蔑两个随从，除了几位弟弟、妹婿孛秃外，其余都是家属，而乞颜部的百姓，也被札木合并吞为己有。铁木真依附札木合一年半左右，便离开了札木合，凭借射雕英雄的威名，各部人们都想投奔他。所以，铁木真独立不到一年，即收容众多部众，并有了许多的得力将领。特别是几位与铁木真有着近亲关系的蒙古亲王的到来更使得铁木真如虎添翼。这几位亲王是：铁木真的叔叔答里台斡赤斤、铁木真的堂兄忽察儿、主儿勤氏首领撒察儿别乞和泰出、忽图剌汗之子阿勒坛，他们都是离开札木合前来投铁木真的。此外还有者勒蔑之弟察兀儿罕、忽必来族人忽都思、博尔术的堂兄斡歌莲、格尼格思人忽难，以及札只剌人末特合勒忽。这些人都是当时的有志之士，后来皆成为铁木真手下的大将，在战争中屡建奇功。这样，铁木真的力量越来越大。

铁木真称汗后，马上派人向王汗和札木合报告，王汗表示非常高兴。而札木合心里却不是滋味，他对前来报信的阿勒坛、忽察儿说："你们在铁木真和我之间挑拨离间，在我的腰上刺了一枪，给我的胸前砍了一刀，然后背叛我，离我而去。"

札木合感觉到了铁木真咄咄逼人的气势，意识到，如果坐视不管，铁木真将会给自己带来可怕的后果。因此他决定在铁木真羽翼未丰的时候，采取针锋相对的措施，给他一次沉重打击。为此，札木合联合了泰赤乌人、篾儿乞人、塔塔儿人等各种势力，等待机会给铁木真致命一击。

铁木真的突然崛起在整个草原引起了轰动效应，在一年多时间中，一个名不见经传的穷小子竟然成了一颗耀眼的明星！他的对手们都惊恐不已，共同的利益使他们联合在一起，一场战争即将爆发。

正在札木合准备进攻铁木真之际，札木合的弟弟死在了铁木真的领地上，这件事情成为札木合发动战争的导火线。

当时，札木合的势力与铁木真势力范围相接，由于相互之间的摩擦不断，札木合的兄弟给察儿对铁木真的怨恨甚深。有一次，给察儿率部下进入铁木真部下拙赤答儿马剌的牧地，抢走马群。拙赤答儿马剌追上给察儿，一箭把他射死了。恰在这件事发生后不久，金国皇帝世宗去世了，章宗即位，札木合认为此时金国为世宗发丧，内部必然忙乱，无暇顾及属国之间的纠纷。泰赤乌诸部首领汪忽哈忽出等人也认为这是一个好时机，劝札木合出兵攻击铁木真。于是，札木合以弟弟被杀为借口，纠集了塔塔儿等十三个部落，三万人马浩浩荡荡，对铁木真发动突然袭击，想将铁木真的军队一举歼灭。

但是，事情并没有像札木合想象的那么顺利。十三部联军虽然人多势众，但缺乏共同的基础，不过是各部贵族为维护自身利益临时拼凑的，这样的一群乌合之众，不可能真正协同作战。铁木真此时已经是许多草原人心目中的英雄了。得道多助，札木合以为自己的密谋天衣无缝，偏偏就在内部出了问题，给铁木真生存的机会。

战前，有一个名叫捏群的亦乞列思人向铁木真透露了消息，他的儿子就在铁木真帐下，得知札木合要突袭铁木真，就迅速前来密报。

铁木真得到札木合进攻的消息后，立刻准备迎战。他按照严格的组织，把自己的属下组织成十三翼军队。"翼"在蒙古语中又被称为"古兰"，是"圈子"之意，铁木真建立的这个组织，后来发展为军团。在古兰刚组建时，每个古兰有一千人，由一个千夫长作为统领之将，千夫长有亲兵九十九人，他自己兼任一个百夫长，加辖九个百夫长。每个百夫长之下有九十九人，分为十个组，百夫长自兼一个十夫长，另外辖有九个十夫长。每个十夫长率领骑士九名。在十三翼军队中，铁木真的母亲诃额仑统领的亲族、属民、奴婢等为第一翼；铁木真自己统领的直属部队，包括那可儿和护卫军，是全军的主力，是第二翼；第三翼到第十一翼，都是乞颜贵族们所属的部众，其首领有答里台、阿勒坛、忽察儿、撒察儿别乞等；第十二翼、十三翼是新近归附的旁支氏族的部众。这样，铁木真有十三翼军队，全军总共约有13000人，相当于札木合联军兵力的三分之一。

札木合刚刚越过土儿合兀岭，就发现铁木真军的前哨探马；再行军到答兰巴勒主特时，看到了铁木真的前锋；再往前进军千米，看到铁木真亲自率领军队，列队在山丘上，自上而下，严阵以待。札木合知其突袭之计已经泄露，又见铁木真布阵整齐，心里已经有了些怯意。正踌躇的时候，铁木真已派遣突击小队试探攻击，于是札木合来不及布阵，就命令部下攻击突击小队，杀死了铁木真的大将察合安。

面对强敌，为减少更大的损失，铁木真主动撤退到斡难河的哲列捏狭地。因为他采取措施拖住了札木合的主力，而使他自己的主力保存了下来。除了第十三翼溃不成军，损失惨重外，其他的大部队都按预期退入安全地带，没有受到大的损失。札木合看见前面是山与两河相间的狭窄地区，地势险恶，怕铁木真有埋伏，不敢再进逼，于是下令退军。

札木合知道自己内部的奸细泄露了密谋，于是亲自搜查。蒙古人称狼为大王，对有嫌疑不可靠的人也都称为大王，札木合就把这次行动命名为“捕大王”。他连夜在本部之外的十二个部落中进行搜查，但是根本找不到真正的内奸，只好在十二个部落中滥捕所谓通敌的嫌疑分子，捉拿了许多无辜的人。札木合准备了七十二口大锅，把这些嫌疑分子当众煮杀，企图以此恐吓人们，不准向铁木真通风报信。如此残忍的行为，虽然暂时使得部下表面上顺从，实际上却更为离心离德。泰赤乌贵族们在胜利之后，也是志得意满，对待部属动辄恃强凌弱，抢其车马，夺其饮食，结果引起部属的强烈不满，心怀二心。所以，从长远处看，铁木真虽然在战场上失败了，但在道义上、政治上却获得了胜利。这一战以后，铁木真的力量不但没有被削弱，反而进一步壮大了，声望也得到了空前提高。

尽管铁木真在十三翼之战中失利，但他充分表现出了未来草原之王的机智和果敢。他指挥若定，有进有退，在强敌面前保存了实力，吸引了更多的部众。相比于札木合的倒行逆施，他更像是此战的真正胜利者。

在札木合搜索奸细，乱抓乱煮以致让部下心寒的时候，铁木真却善于笼络他人，甚至能够把敌人吸引到自己一方。十三翼之战后不久，对札木合心怀不满的兀鲁兀部术赤台、忙忽部畏答儿各率所属族人离开札木合，前来投靠铁木真。术赤台和畏答儿后来成为铁木真的两员骁将。晃豁坛部的蒙力克本来是铁木真家的亲信，后来随札木合游牧，这时也率领他的七个儿子离开札木合，来到铁木真这里。

泰赤乌属部照烈部的驻地与铁木真的驻地很近，有一天照烈人和铁木真都来到草原的一座山上打猎，铁木真有意向他们靠拢，结果这一天的围猎十分顺利。照烈人很高兴，说："我们就在这里和铁木真一起过夜吧！"他们共有四百人，由于没有带来锅和食粮，有二百人回自己的住所去了，剩下二百人在此过夜。铁木真得知这一情况，立刻下令把他们所需的锅和食粮都送了过来。第二天继续打猎，铁木真故意将野兽赶向照烈人一边，让他们猎获更多。照烈人十分感激铁木真，说："泰赤乌部将我们扔在一边，不理睬我们。过去铁木真同我们没有交情，却厚待我们，给了我们这些礼物。他真是关怀自己的部属和军队的好君主。”

照烈人返回自己的营地时，一路上向所有的部落传播铁木真关怀他人、好善乐施的君主风度。不久，照烈部的首领玉律把阿秃儿同马忽带牙答纳商议：“我们迁到铁木真那里去，听从他的吩咐吧。”马忽带牙答纳不同意，他说：“泰赤乌人是我们的族人，怎能平白无故地跑到铁木真那里去呢？”因为他不同意，玉律把阿秃儿便和塔海答鲁带着自己的部众投靠了铁木真，他们对铁木真说：“我们就像没有丈夫的妻子，没有牧人的马群，泰赤乌贵族正在毁灭我们。为了你的友谊，让我们一起用剑去作战，去歼灭你的敌人！”

铁木真热烈地回答他们说：“我像个睡着的人，你拉扯我的额发唤醒了我；我坐着动弹不得，你从重负下拉出了我，使我能够站立起来。我要尽力来报答你！”

照烈人归附了铁木真。虽然以后玉律把阿秃儿和塔海答鲁未能实践自己的诺言，又从铁木真那里叛逃了，但是更多的照烈人和泰赤乌的其他属民仍然陆续来到铁木真这里。他们说：“泰赤乌贵族们平白无故地压迫、折磨我们，铁木真却将自己身上穿的衣服脱下来让给我们，从自己骑的马上跳下来将马让给我们。他是个能为大家着想，为军队操心，能将国家和人民管理好的人！”

铁木真不但获得了人才，还获得了人心。人心是众望所归的关键，也是战争取胜的根本。铁木真获得了人心，所以，获得战争的胜利也顺理成章。

十三翼战争是铁木真称汗之后的第一场战争，铁木真因为自己的战略和胸怀受到了各部族人的爱戴，成为众望所归的英雄。经过十三翼战争，铁木真的力量进一步壮大了。

第三节　血族复仇

塔塔儿人是草原上最强大的部落，他们虽然在金国、铁木真和王汗的多次打击下已经实力大减，但毕竟是一个传统的大部落，实力犹存。

塔塔儿地处蒙古东部，是金朝的属部，也是蒙古部的世仇。两个部落在很久以前就有仇怨。铁木真的曾祖父俺巴孩汗曾经被塔塔儿人诱捕，献给金国杀死。和俺巴孩汗一起死于金人之手的，还有克烈部王汗的祖父马儿忽思不亦鲁。马儿忽思不亦鲁是被塔塔儿部的首领纳兀儿不亦鲁所俘虏献给金国皇帝的，最后被残忍地钉在木驴上而死。马儿忽思不亦鲁的妻子为了给他报仇，给塔塔儿部献上了一百头羊、一百匹马、一百袋马酒，假装投降纳兀儿。每个袋子中都暗藏了一个克烈部勇士，他们身怀兵器，趁塔塔儿人大肆庆祝、喝酒狂欢的时候，从袋中跳出，杀死了塔塔儿部首领纳兀儿及列席的塔塔儿人。

塔塔儿部虽然受到了一定的损失，实力却依然强大，他们依附金国，做了金国对付蒙古的前哨，同时也对突厥各部进行防御，减少金国的后顾之忧。因此，乞颜部忽图剌汗除了对塔塔儿作战外，还对金国作战。塔塔儿的从中作梗，使蒙古诸部不断与金国刀兵相见，在金军北征蒙古的时候，塔塔儿人也与金人联合作战，为虎作伥。不过，塔塔儿追随金朝，主要是慑于金国的强盛，一旦有利可图，随时也可以背叛。

铁木真时刻不忘与塔塔儿部的血海深仇，伺机报复。作为争霸草原的对手，铁木真对塔塔儿人更是时刻保持警惕，担心他们有朝一日会恢复元气，重新成为自己的死敌。但是形势却对他十分不利，铁木真自从和安答札木合反目以来，虽然不断取得胜利，但自身力量也折损不少，特别是蒙古内部发生矛盾，破坏了自己的凝聚力，声誉也受到很大的影响。与刚刚称汗时相比，铁木真的部众不但未能增加，反而日趋减少，大不如以前。这时东方有强敌札木合的札只剌部，西方有蔑儿乞部，南方有仇敌塔塔儿部，北方有泰赤乌部，四个部落都对铁木真虎视眈眈，十分危险。

为了挽救颓势，改变四面皆敌的危局，困境中的铁木真导演了一场大戏。铁木真一面加强与克烈部王汗的良好关系，作为自己的外援，另一方面则使用计谋，用外部矛盾，转移内部斗争的视线，消除内部矛盾。塔塔儿部是当前蒙古最大的威胁，又是蒙古的世仇，铁木真于是选定它作为打击的目标，准备利用金国之力，通过制造塔塔儿部与金国之间的矛盾，攻击塔塔儿部，以一部敌人消灭另一部敌人，自己从中渔利，重振声势。

这时，铁木真把握住了一个绝好的机会。塔塔儿部一直忠心为金国守御长城，不参加其他纠纷，对金国服服帖帖，但是却参加了札木合所组织的联军，攻打铁木真。

这个消息传到铁木真那里，他立刻感觉到这是个千载难逢的机会。蒙古是金国的属国，为了防止蒙古各部联合一心抗金，金国命令蒙古各部不准结盟，塔塔儿参加联军，对金国无疑是一种背叛行为。铁木真根据这种情况，制定了一个计策，他派人向金国告发塔塔儿部的不轨行为，请金国出兵讨伐。为了防止万一，一旦金国不相信，不肯出兵，就暗遣小队人马冒充塔塔儿人侵扰金国的边界，制造塔塔儿与金国边境上的纠纷，引诱金国出兵征讨。金国一旦出兵，必将在草原各个部落征兵，以考验各部落忠诚与否。铁木真利用这个时机，就可以假借金国的命令，号召蒙古各个部落以及东胡、突厥等出兵助金，有敢不从者，就用金国之名讨伐，如此自己就顺理成章成为草原各个部落的领袖。而塔塔儿部是蒙古各部的公敌，俺巴孩的子孙主儿勤部必将与己合力共同报仇，否则就以其忘报祖仇之罪讨伐他，也名正言顺。铁木真盘算已定，立即依计而行。

于是金国边境上塔塔儿入侵的事件，从此层出不穷。塔塔儿部落的领土面积广大，境内地势起伏不平，多大湖、大川、大山、大漠。铁木真的牧地与塔塔儿部落相邻，两部犬牙交错，人员经常接触，和平的时期两部互相交易，发生冲突后就不断地互相掠夺，也常常发生战争。

当时，塔塔儿人与汪古部、翁吉剌部被称为金国守边境的三只“猎犬”。因为这三部人世世代代为金国戍守边疆，使其他部落不敢对金国的后方有觊觎之心，而塔塔儿部又是这三部之中的中坚，所以金国对它特别照顾与赏赐。由于塔塔儿部实在是过于强大，加上有金国作为靠山，气焰十分嚣张。铁木真认识到，要想打败塔塔儿部，必须割断它与金国之间的联系，借刀杀人才行。于是才设下此计，破坏塔塔儿与金国的关系，使他们变成仇敌。金国出兵征讨塔塔儿，铁木真也出兵帮助金国，一起攻击塔塔儿。这样，不但可以报得大仇，而且还可以重振铁木真在蒙古各个部落的威信，夺取塔塔儿部的财物，获得大量的人力物力，大大增强自己的实力。从长远来看，灭掉塔塔儿就是毁掉了金国在北方的屏障，切断其向北扩张的触角，还可以粉碎塔塔儿人与札木合的联盟，削弱札木合的力量，可以一举削弱统一草原和欧亚大陆的数个强大对手，清除前进的障碍，铁木真真是一举数得。

札木合生性多疑，他虽然与塔塔儿部结盟，共同对付铁木真，但是他总认为塔塔儿人与铁木真暗中勾结，对自己不够忠诚，十分怀疑他们。此时札木合正专心扩大势力，对塔塔儿与金人之间的边界冲突更不放在心上，更没有察觉到这是铁木真的阴谋。克烈部王汗对塔塔儿部恨之入骨，他听说塔塔儿不断与金国发生冲突后十分高兴，非常希望金国会一怒之下出兵讨伐塔塔儿部，既可报仇雪恨，又可以从中取利，扩大地盘。当然，王汗也不知道这是铁木真的阴谋，他和札木合在有意无意当中，走进了铁木真的圈套里，成了他可以利用的工具。

金国接连不断接到边境报告，知道塔塔儿人不断地入侵边界，烧杀掠略，但由于塔塔儿人行踪飘忽不定，从没有捕获过一个人，更不知道这是铁木真用的计谋，因此十分恼火。金国认为边境地区不断发生入侵事件，是塔塔儿人不恭顺服从，准备反叛的征兆。1196年，金章宗未加思考，就任命枢密使、左丞相完颜襄率军巡视边境，准备讨伐塔塔儿人。完颜襄率领大军驻扎在北方边境重镇临潢，他首先派人责问塔塔儿为何屡屡侵犯边界。塔塔儿遭人诬陷，当然矢口否认，他们知道这件事完全是蒙古人所为，蒙古人故意陷害他们，但是却说不出蒙古人是如何越过他们的领地，到达金国的边界的。为了辨明真相，完颜襄决定召塔塔儿部部主蔑古真薛兀勒图来当面解释，依此来断定他是否真心。结果，蔑古真薛兀勒图害怕遭到俺巴孩的下场不敢前来，于是，完颜襄断定他内心有鬼，宣布塔塔儿部的罪状，并命令蒙古各部落一同出兵，跟随金军一同讨伐塔塔儿。完颜襄亲率大军自南向北，蒙古各部从本部落出发，塔塔儿一时陷入四面楚歌的境地。

铁木真精心谋划的攻敌之势终于出现了，金国在不知不觉当中，堕入铁木真的圈套，金军统帅完颜襄不仅丝毫没有觉察到铁木真的阴谋，反而还想借这次征调蒙古各部进行军事行动的机会，考察各部落是否忠诚。他的这一举动，正中铁木真下怀，为铁木真下一步的行动提供了有利的条件。铁木真接到完颜襄征兵讨伐塔塔儿的命令后，立即起兵。他表现得非常积极，郑重其事地派出专使，分赴各部落传达，行动速度竟然比金军还快。他要抓住这个千载难逢的良机，向这些虽也是蒙古人但已成为自己仇敌的塔塔儿人讨还旧债。

铁木真召集他的部众，历数塔塔儿人的罪恶，先祖俺巴孩和斡勤巴儿合黑就是被塔塔儿人出卖给金国，被残忍地钉死在木驴车上的。塔塔儿是蒙古的敌人，金国也是蒙古的敌人，但现在既然首先出现了借助金国的力量向塔塔儿人复仇的机会，当然应当先向塔塔儿人开刀，而且，即使不追溯那么远的仇恨，蒙古也应该为他们的上一代报仇，铁木真的父亲也速该就是被塔塔儿人阴险地下毒于食物毒死的。铁木真说："塔塔儿人乃昔日毁吾父祖之仇人也。今乘此良机，吾等其并之乎。"在铁木真的鼓动下，整个乞颜部落终于齐心协力起来。

主儿勤部的领地在铁木真领地之北，自从失和之后，不常来往，此次征兵为祖宗报仇，不敢不从命，但惧怕铁木真在战斗指挥中加之以罪，迟迟不肯行动。铁木真为了劝他们前来，再次派使者前往劝告说："从前塔塔儿将我们祖宗杀害的怨仇，未曾得报。如今金国派完颜襄丞相前来剿灭塔塔儿部，我们应当趁此机会，去夹攻他。你们主儿勤部是蒙古名箭手聚集的部族，为祖宗报仇，应当出大力，因此我一定要等到你们前来助战。"主儿勤部首领最终也没有前来。铁木真等了六天，见主儿勤部竟然放弃为祖先复仇的大好时机不来，顿时明白，他担心主儿勤部会利用他出击时在其后方发动叛变，防人之心不可无，于是他设下了一个陷阱，留下少数老弱残兵看守营地，然后率领整个部族，帮助金人夹攻塔塔儿部。

塔塔儿四面受敌，完颜襄指挥下的金军首先从东南方向攻入营地，塔塔儿人抵挡不住，就在其首领蔑古真薛兀勒图的率领下，带着牲畜和财产，领着老人和孩子退向位于克鲁伦河与斡难河之间的语漓札河。这片土地是属于铁木真的领土，蔑古真薛兀勒图想把战争引到铁木真统治的地盘上。

正面攻击的任务落在了乞颜部的头上。铁木真请求克烈部进行支援，王汗欣然同意。没过几天，王汗就集合部队前来同铁木真会合了。他们沿语漓札河而下，两路联军从北向南进攻，金国军队从南向北进攻，直奔塔塔儿部而去。

两路军队来势汹汹，塔塔儿部首领蔑古真薛兀勒图不敢交战，他率领军队退入森林当中，用森林部落自卫的方法，砍树立寨抵抗对手。铁木真和王汗发起进攻，像围困野兽一样步步紧逼，最后攻入寨中斩杀了蔑古真薛兀勒图。王汗指挥手下大肆劫掠金银珠宝，铁木真则让手下捕获战马，并占据了塔塔儿部水草最丰美的牧地。

金军统帅完颜襄对盟军取得的胜利非常满意。在金国眼中，克烈部仍是蒙古最强大的部落联盟，完颜襄对王汗说：“汝等击垮塔塔儿部并杀其首领蔑古真薛兀勒图，有大功于金国焉，吾主将重谢汝等之劳也。”在庆功宴上，完颜襄封王汗为“王”。这是金国给予蒙古人的最高封号，由于此前王汗已有“汗”的称号，现在两个封号合起来就成了“王汗”。铁木真则被封为“札兀惕忽里”，即招讨使。对于金国来说，无论是“王汗”还是铁木真，都不过是服务于他们的棋子，金国赐给蒙古首领一些称号，只是对他们的哄骗而已。但铁木真和王汗却得到了封号之外更为珍贵的东西，他们从塔塔儿人手中缴获了不少战利品，满载而归，各自返回营地。

在蒙古、克烈部和金国的联合打击下，塔塔儿部遭受了惨重损失。但它毕竟是一个强大的部族，经过几年的恢复，仍然具有一定实力。因此，铁木真于1202年再次领兵攻打这一夙敌，以求一举歼灭，永绝后患。

铁木真在出兵作战前，与部下约法三章，颁布了一道严格的军令：与敌人交战，不能因为贪恋财物而放弃对敌人的追击，一定要取得完全胜利后才能收兵；战胜敌人后，所缴获的财物全部归部落所共有，财产由部民共同分配，任何人不得私自占有；如果被敌人打退，退到最初冲出去的原先阵地时，就要进行反攻，敢有违令不攻者一律处斩！铁木真执法如山，法令一出，所有的将士纷纷响应，全军纪律肃然！铁木真这道军令是有为而发的，既是为了对抗强大的敌人，也是为加深更多追随他的部众的忠诚感。

蒙古部落间的战争是血腥的，他们以掠夺财物为目的、屠杀复仇为目的，从来不顾及生命财产的损失。这种野蛮的行为不但大大影响了各部落的战斗力，而且也给蒙古生产力的发展带来极大的消极影响。在这样的环境下，铁木真颁布这一军令，对于集中权力，加强对各个部族的统治，具有非常重要的意义。军令规定了战利品应于战争结束后收集，由大汗统一分配，论功行赏；规定了作战时军队必须服从大汗的统一指挥，奋勇杀敌，不许擅自后退、逃跑；规定了作战时军队不得只顾各自抢夺财物或随意进退。通过这个军令，铁木真成功地提高了大汗的权威，限制了部下各贵族的权力，加强了大汗的集中统一领导。各个贵族不得随意进退，擅自行动，而必须绝对服从汗的集中统一领导。违反者，给予严厉处分直至处斩。这样就使铁木真的军队成为大汗集中统一指挥下的纪律严明、组织有序、行动一致、无坚不摧的钢铁之师！

经过一番惨烈的激战，蒙古大军彻底击败了塔塔儿人，俘获了大量的俘虏。为了处置这些俘虏，铁木真召集贵族举行秘密会议，征求大家的意见。按照传统的习俗，蒙古贵族们聚集在一座帐篷里，最后商量一致的结果是：塔塔儿人曾经杀害了蒙古部落的祖父，是整个部落的仇人，为了给祖先们报仇雪恨，凡是够车轮高的塔塔儿男人，一律杀死，剩下的妇女儿童则一律降为奴隶。

战争胜利了，铁木真的复仇也伴随而至了。在蒙古草原上，失败者只剩下被人屠戮的命运。被俘虏的塔塔儿人一直秘密关注着会议的进程。铁木真的妃子也速干是一名塔塔儿人，她的父亲也客扯连悄悄地等候在帐篷之外，打探自己的命运。大会还没有开完，铁木真的异母弟弟别勒古台从帐篷里走了出来，也客扯连见到了他，立刻走上前惊恐地问道：“你们的议论结果，对我们塔塔儿人有利吗？”

别勒古台是一个胸无城府的人，他直接就把结果告诉了也客扯连："铁木真要把塔塔儿人凡是够车轮高的男人全部杀死，女人一律降为奴隶。"也客扯连虽然早有最坏的打算，但是对这一结果，听到后还是大吃一惊。全族的性命危在旦夕，他立刻跑去转告给其他塔塔儿人，让他们立寨据守，进行殊死抵抗。塔塔儿人走投无路，被迫团结一心，拼死与铁木真对抗。当铁木真的军队准备消灭塔塔儿的时候，他们遭受了重大损失，在执行屠杀够车轮高的塔塔儿男子时，塔塔儿人每人袖中暗藏一把刀子，发誓要在临死前找个蒙古乞颜人垫背。这样，在屠杀敌人的时候，铁木真的军队也遭受了很大的损失。

屠杀政策是血腥的，但是这并不能达到灭族的目的，塔塔儿人没有被赶尽杀绝。蒙古部落虽然互相为敌，交战不已，但是各个部落来往也相当密切，每个蒙古部落都曾和塔塔儿人通婚，或将自己的姑娘出嫁给塔塔儿人，或娶塔塔儿姑娘为妻。在铁木真的妻子之中，两个深受宠爱的妃子也遂和也速干就是塔塔儿人，铁木真的弟弟合撒儿的妻子也是塔塔儿人，其他的很多蒙古贵族也娶过塔塔儿姑娘。联姻的关系使他们建立起了错综复杂的关系，很多蒙古人暗藏了一些塔塔儿孩子，不愿把他们杀死。铁木真曾交给弟弟合撒儿八百名塔塔儿儿童，让他把他们全部杀掉。合撒儿的妻子不忍杀死自己的同族，合撒儿对这些无辜的孩子也深感同情，他只杀掉了其中的四百人。这样，塔塔儿人并没有被灭种，他们秘密地留存于蒙古的各个角落，他们继续与蒙古人通婚生子，渐渐地融为了一体。塔塔儿人的后裔一直生存到现在。

铁木真表现出了他性格中坚毅的一面，对于不遵守自己命令的人，无论是亲属还是亲信，都绝不客气，毫不留情。由于别勒古台泄露了秘密，给蒙古军队带来了重大损失，铁木真非常生气，他当面指责别勒古台的过失说："亲族们开会议定的大事，却由于被你泄露了出去，给我军造成了如此大的损失！"他下令，今后开会商议军国大事，一律不准别勒古台参加。从此以后，别勒古台在蒙古军中从事审断斗殴、盗窃等案件，再也不能参加任何重大的会议，这个命令一直持续到他死去。以别勒古台尊贵的身份，却永远地远离了蒙古族的各种聚会，这足以见铁木真的惩罚之重，也显示出了他的执法之严！

这次战争的胜利，增强了铁木真的实力，为以后战胜强敌、兼并诸部，创造了更有利的条件。

塔塔儿部遭受如此毁灭性的打击，几乎灭绝。从此蒙古草原上只剩下了克烈部的王汗和乃蛮部太阳汗这两大势力可与蒙古部相抗衡。

铁木真对塔塔儿战争的胜利，使他的名声大振，当时一名巴牙剔部的"贤明老人"占卜预言道："札木合薛禅经常挑起人们的冲突，行使种种口是心非的奸计来推进自己的事业，这样的人不会成功。主儿勤部的撒察儿别乞欲图谋大位，但是他没有这个福分。篾儿乞部的阿剌兀都儿有谋取大权的野心，他有一定的魄力和伟大，但他最后必将也一无所获。铁木真的弟弟合撒儿志向远大，他倚仗自己的力气和神射，可惜运气不在他的身边。只有可汗铁木真，具有称王称霸的相貌、气派和魄力。毫无疑问，他将来一定能够成就霸业。"这或许是后人对铁木真的种种神化演绎，但是却说明了铁木真在草原上已经深入人心。草原上的人都相信，老人的预言必将会实现。

第四节　草原霸主

通过一系列的战争和改革，铁木真的部队战斗力越来越强，他的直系部队已不是传统的部落集团了，而是初具雏形的国家组织。对于其他的贵族，他暂时还无力加以过多的限制，但是随着形势发展，他正用新型的国家机器去开拓领土。这时，一些原来的氏族首领见权力受到削弱，对铁木真开始不满起来，其中主儿勤部首领撒察儿别乞、泰出最为突出，他们也在寻找机会，进行破坏活动。

在十三翼战争中，札木合纠集十三个部落，发动了十三翼之战，铁木真也针锋相对，组织了十三翼进行抵抗。但撒察儿别乞、泰出两人率领主儿勤部临阵撤出，破坏了整个作战计划。使铁木真面临更为严重的局面，最后不得不撤退，以保存实力。主儿勤部不服从大汗的命令，违背了当初拥立大汗时的誓言，按理应当受到惩处。但此时铁木真刚刚战败，最重要的是收服人心，所以将他们的事暂且搁置。为了更大的事业，铁木真不得不隐忍下来。可是过了不久，又发生了新的冲突，使双方的矛盾更加激化。

十三翼之战后，由于札木合和泰赤乌人的横暴，许多原属于他们的人马前来投奔铁木真，大大加强了铁木真的力量。铁木真非常高兴，便和母亲、弟弟以及主儿勤的撒察儿别乞、泰出等人在斡难河边的树林里设宴庆贺。司厨失乞兀儿在诃额仑夫人、撒察儿别乞、撒察儿别乞的母亲忽儿真前面放了一只合用的盛马奶酒的木碗，而在撒察儿别乞的次母（父妾）额别该面前放了一只让她一个人用的木碗。忽儿真看到比自己地位低的额别该受到优待，顿时愤怒起来。她怀疑这是铁木真的主意，但不便直接向铁木真发作，便斥骂司厨失乞兀儿说："今天为什么不尊重我，却偏向额别该呢！"她下令鞭打了失乞兀儿。失乞兀儿被打，大声哭喊道："也速该把阿秃儿死去了，所以我才这样被人责打！"铁木真和诃额仑夫人因为主儿勤是乞颜氏族的长支，对此什么话也没说，忍耐下来。

紧接着，铁木真与主儿勤部之间又发生了另一场冲突。这次宴会时，铁木真的弟弟别勒古台掌管铁木真的系马桩，不里孛阔掌管撒察儿别乞的系马桩。合答斤氏的一个人偷走了铁木真这边的马缰绳，被别勒古台捉住。那人是不里孛阔的部下，因此不里孛阔袒护他。为此互相争吵起来。别勒古台平素就习惯于争强斗狠，便把右衣袖脱下，露出右肩膀，准备搏斗。不里孛阔则抽出刀来，一下子砍伤了别勒古台的肩膀。

别勒古台不愿为自己的事影响大家，所以虽然受了伤，还是满不在乎的样子，没有继续争斗下去。铁木真看到他肩上流血，问道："被谁砍成这个样子？"别勒古台回答说："我的伤不重，不要紧。不要急于报复，为我而闹得彼此失和，这可不好。"

司厨失乞兀儿被主儿勤人责打，别勒古台又被主儿勤人砍伤，铁木真终于无法忍受，他不理睬别勒古台的劝告，下令部下折取树枝，又抽出捣马奶子的木杵，与主儿勤人厮打在一起。铁木真占了上风，打败了主儿勤人，还把撒察儿别乞的母亲忽儿真和撒察儿别乞的另一庶母火里真扣押起来。

主儿勤部的首领撒察儿别乞和他弟弟泰出只好求和。铁木真也还需要主儿勤的支持，不想与之完全破裂，于是放还了两位夫人。撒察儿别乞等虽然一再向铁木真认错道歉，暗中却怀恨在心，宴会过后，就将铁木真如何骄傲，如何盛气凌人，如何不讲道理，胡作非为，实非帝王之相等等，到处宣扬，以报复铁木真。

各部落的人都知道铁木真早年曾经射死自己的异母兄弟别克帖儿，现在表现得志骄气盛，看来也是一个胸无大志之人。而且主儿勤部也是合不勒汗长子的后人，铁木真的孛儿只斤族，是合不勒汗的次子之后，于是大家认为，两个兄弟的部落，都不能和睦相处，又怎能与其他各部落和睦相处呢？所以大家逐渐认为，以前所传说的铁木真才德如何，都不是真实的。因而许多想前来投奔的部落，都中途改变主意，而希望札木合能够改过向善，他们再去拥护札木合为汗。

铁木真了解到事情真相之后，知道是由于自己的骄傲行为所导致。就和别勒古台、博尔术、者勒蔑、忽必来、速不台等人商议。有的人主张立即攻打主儿勤部，以除去祸根。别勒古台则不同意，他说："我们正准备干大事，怎能对小事不加忍耐，而挑起宗族之间的仇恨？应该是自行修德，以感化主儿勤部，使之能够回到身边来。"铁木真认为有道理，就听从了别勒古台的建议，暂时搁置，试图通过各种方式，将主儿勤部拉回来。

随着战争的进行，铁木真的实力也越来越强大，逐渐具备了与主儿勤抗衡的能力。铁木真像成熟的雄鹰能展翅飞翔了，他需要把部落内部的关系平定下来，解决外出征战时的后顾之忧。

当铁木真围攻塔塔儿部最后的一个围寨之时，看到此寨虽然死守，但肯定会攻破，不需全部部队都在此硬攻，而塔塔儿部其他的溃兵，也有王汗前去追赶。于是，他把目光投向了下一个打击目标。铁木真判断，主儿勤部一定会趁此机会举兵反叛。于是尽量抽调主力，连夜沿奎屯河南岸西行，各军呈分进合击之势，以期一举歼灭主儿勤部。

主儿勤部首领撒察儿别乞与他弟弟泰出还不知铁木真已设下陷阱，在听说铁木真正率军攻打塔塔儿部的围寨之时，以为有机可乘，就出动全部的兵马，连夜奔袭，突袭铁木真的大本营。可是，攻破这座营寨之后，才发现那只不过是一座空寨，所留老弱只有六十人，撒察儿别乞一气之下，杀死其中的十个人，而把剩下的五十人全部剥光衣服，让他们报告铁木真。万万没有料到，这五十人还没有出营寨，铁木真的部队就已从四面八方攻进寨来。

主儿勤部的人根本没有料到会有这种情况，以为铁木真的人马是从天而降，一时都吓得目瞪口呆，哪里还有斗志还手搏杀？结果全部被铁木真俘虏，只有首领撒察儿别乞和他弟弟泰出，慌乱中各夺得一马，死命冲出寨外，向北逃去。铁木真见他二人逃出，派出精兵快马，循着他们的足迹紧追不舍，终于把他们生擒活捉，押回营寨。

铁木真派人把撒察儿别乞、泰出押到自己面前，历数他们的罪过说：“以前在斡难河林边宴席上，你的人将厨师打了，又将别勒古台肩部砍伤，我看在兄弟份上，都不深究，只求和平相处。可你们却一直不肯与我和好，这次为祖宗报仇，你们都是蒙古祖先的子孙，正该出力，可你们却忘掉祖仇，等了几天也不来。不去报仇也罢，你们倒靠着仇家，帮助仇家，来把本家当做仇人。当日你们推选我为汗时，都是怎么说的？现在应该实践你们自己当初的誓言了吧！”撒察儿别乞和泰出二人无地自容，只好引颈受戮。铁木真下令处死了他们，把他们的部众分给了诸位将领。

铁木真并没有忘记在斡难河边的宴会上别勒古台被砍伤这件事。行凶的不里孛阔是合不勒汗第三子忽秃黑秃蒙古儿的儿子，在辈分上是铁木真的堂叔，在铁木真与主儿勤部的斗争中，他是主儿勤的得力帮手。据说不里孛阔有“一国不及之力”，所以得到“孛阔”的名字，“孛阔”的意思就是“力士”。铁木真在处死撒察儿别乞和泰出之后，开始寻找机会铲除他们的这个帮凶。

不里孛阔是蒙古部中的角斗高手，有一天，铁木真安排了摔跤比赛，他点名让别勒古台和不里孛阔二人进行角力。不里孛阔力气大，技术娴熟，只用一只手就把别勒古台捉住了，然后用一只脚把他绊倒，压住他使他动弹不得。但是不里孛阔畏惧铁木真在场，不敢使出全身力气相搏，所以他尽管已经取胜，却假装摔倒在地。别勒古台趁机翻身骑到不里孛阔的身上，压住他的肩膀，并抬头目视铁木真。铁木真正期待着这个场面，他面向别勒古台咬住自己的下唇。这是一个预定的暗号，意思是“可以下手了”。别勒古台会意，于是用膝盖顶住不里孛阔的脊背，双手扼住他的喉咙，用力折断了他的脊梁骨。不里孛阔被折断脊梁骨，仍不服输，说：“我其实并未失败，只因为畏惧铁木真，故意跌倒，所以送了自己的性命。”说罢死去。别勒古台把不里孛阔的尸体拖出去，抛在野外。

1200年春，铁木真和王汗在萨里川相会，经过一番秘密商议，决定共同出兵攻打泰赤乌部。泰赤乌部是铁木真的死敌，他们曾多次和铁木真作对，这一次，他们又和篾儿乞部联合起来对抗铁木真、王汗的进攻。篾儿乞部首领脱脱别乞派他的儿子忽都等人率领军队前来援助泰赤乌部。

铁木真和王汗的联军连连告捷，把泰赤乌部的阿兀出把阿秃儿一直追到斡难河边。阿兀出把阿秃儿重新组织力量作困兽之斗，双方在斡难河边进行了一场异常惨烈的大战，战事一直持续到夜幕降临。

战斗进行得异常惨烈，混战中，敌军的一名勇士趁乱一箭射中铁木真的脖颈，箭头射入很深，扎在了一根大血管上，铁木真血流如注，一下子昏迷了过去。铁木真从站马上摔落下来，他的忠实部将下者勒篾立刻飞奔到他身边，用战马将他带到安全地带，拔出箭头，用口吮吸干伤口的淤血，用衣服包裹好伤口，守候在铁木真身边。一直守护到半夜铁木真才苏醒过来，他气息微弱，喃喃道："我的血要干涸了，我渴……"为了救回主人的生命，者勒篾决定冒险。他把靴、帽和衣服统统脱下，只穿着短裤潜入敌营，希望找到马奶来给铁木真喝。战乱之中谁还会顾得上挤马奶呢！者勒篾找了半天却怎么也找不到。者勒篾没有放弃，更加细心地仔细搜寻，也许上天被他的忠贞之心打动了，者勒篾意外地在一辆车上发现一桶酸奶子，他大喜过望，偷偷地带了回来。者勒篾的整个偷奶过程中，敌人都在熟睡，对他的行动浑然不知。

者勒篾拿回酸奶子后，找来水将酸奶调好，小心翼翼地盛给铁木真喝。铁木真连饮了三口，气息稍定，说："我的心里敞亮多了。"于是坐了起来。这时东方已经初现曙光，铁木真视野已经清晰了，看到自己身边的一大摊血水，有点不大舒服，责问道："怎么回事？为什么不吐远一点！"对于铁木真没有感激之意的责问，者勒篾回答说："您在昏迷之中，我不敢远离，只好将吸出的淤血吐在身边，我肚子里也咽下去不少。”铁木真又问：“你这次冒险去为我偷奶，如果被敌人捉住，岂不是要将我供出吗？”者勒篾坚定地说：“我为了不被敌人发现丝毫破绽，就故意赤身前往。倘若被捉，就说我本打算投降，被发现后剥去了衣服，我挣脱绑索逃出，敌人见到我的样子，必然会相信我的话。我可以借机寻得一匹马逃回来。大王，我是这样考虑的，所以在您安睡的时候私自跑出去了。”

铁木真被者勒篾的忠诚之举深深地打动了，他说：“我还能说什么呢？以前我被篾儿乞人追杀，他们围绕不儿罕山搜查了三遍，那时你就曾救过我的性命。现在你又用口吮吸我的淤血，救了我的性命。我口干缺水，你又舍命到敌营去寻来酸奶子，再次挽救我的性命。你这三次大恩，我铁木真永世不忘！”

泰赤乌人并不知道铁木真已经受伤，在夜晚的时候，他们就有一部分士兵偷偷逃离了战场。天大亮以后，泰赤乌人已经完全丧失了决战的勇气，趁着黎明的夜色溃逃去了，泰赤乌的属民被抛弃在营地里，这些属民都被铁木真收服。

王汗掳掠了许多牲畜、财物后，见好就收，就带着自己的军队回去了。而铁木真关心的则不是财物和人口，而是要一鼓作气，彻底消灭这一支死敌，为自己进一步统一草原，争夺最高的统治权扫清障碍。铁木真没有顾及自己的病体，带兵乘胜追击，歼灭了泰赤乌军队的残余，一直追到月良兀秃剌思一带，在那里擒杀了忽都答儿等泰赤乌氏首领。其他一些侥幸逃过的泰赤乌氏贵族纷纷逃到别的部落，阿兀出把阿秃儿和豁敦斡儿长等逃到了巴儿忽真一带，忽里勒则投靠了乃蛮部，泰赤乌部已经基本上瓦解了。经过这次大战，铁木真的一个主要劲敌泰赤乌部覆灭了。

打败了北方的泰赤乌部后，铁木真并没有就此罢手。紧接着，他把目光投向了原属于蒙古的合答斤、散只兀等部落。这两个部落分布在呼伦湖东面，他们的始祖是蒙古部始祖阿阑豁阿所生三个儿子中的不忽合塔吉（合答斤氏）、不合秃撒勒只（散只兀氏）。这两个部落人多势众，骁勇善战，拥有较强的力量，甚至连金国也不放在眼里，连年侵扰金国的西北部边境。翁吉剌等部的驻地在呼伦湖周围和其以北地区，也经常侵扰金国西北部的边境。

1195年，金朝派遣左丞相夹谷清臣统率大军向这三支部落发动猛烈攻击，又在1198年派遣完颜襄、宗浩等率领大军前来征讨，斩首一千多人，俘获了大量人口、牲畜和财产，大大削弱了他们的力量。不过此时金国的势力已经日渐衰微，所以在得胜之后却无力继续守卫边境，反而向内迁移了这一带的防御工事。两虎相争，两败俱伤，给铁木真提供了难得的可乘之机。

在此之前，铁木真刚刚被推选为大汗的时候，他曾派遣使者来到合答斤、散只兀两部，对其首领表示，既然同属于蒙古部落，就应当联合起来，共同对付敌人，希望和他们结成联盟，友好共处。这个时期，蒙古人还没有文字，只能口头传达意思，长期以来形成了采用巧妙的押韵的隐喻语言的习惯。使者就采用这种语言传达了铁木真的意思。合答斤和散只兀的首领们却没有听懂。这时有一个伶俐的小伙子却猜到了这些话的意思，便对他们说："这些话的意思很明白。铁木真告诉我们说，和他们不是一家子的蒙古部落，如今都成了他们的朋友，彼此结了盟。我们和铁木真是一家子，就更应当结盟做朋友，快快活活过日子。"

这个时候，铁木真的势力还很微弱，而两个部落却以骁勇善战纵横草原，部落首领根本没有把初出茅庐的铁木真放在眼里，不但没有同意，反而辱骂使者，把锅里正煮着的羊血、羊内脏泼在使者脸上，使者受辱而归。对铁木真来说，这是极大的侮辱。但为了集中精力对付其他更强大的敌人，铁木真还是忍了下来。

此后，合答斤、散只兀部又多次和泰赤乌部联合，同铁木真为敌。这样，这两个部落就成为铁木真争霸夺权路上的绊脚石。

几年之间，铁木真借助王汗的力量，充分发挥他足智多谋的长处，迅速崛起，合答斤和散只兀这两个部落的首领也越来越不安，感到铁木真就要对自己下手了。

铁木真和王汗击败泰赤乌部落之后，合答斤和散只兀人更加紧张，他们知道灾难迟早要来临了。为了避免受制于人，他们计划先下手为强，突然袭击。他们联合了朵儿边、塔塔儿、翁吉剌等部，在海拉尔河下游北面的阿雷泉举行盟誓。

他们一起举剑砍杀牛马，订立了蒙古人中间最重的誓约，说："天地之主请听吧，我们立下了什么样的誓约啊！看这些牲畜，如果我们不遵守自己的誓言，破坏誓约，就让我们落得跟这些牲畜同样的下场！"他们发誓共同对抗铁木真、王汗。他们组成五部联军，计划先发制人，出兵攻打铁木真。

铁木真的岳父特薛禅是翁吉剌人，他知道消息后，就连忙暗中派人报告铁木真说："你的敌人们订立誓约，结成了联盟，齐心协力地朝你们方面出动了。"

铁木真闻讯，立即和王汗商量，进行了周密的部署，会同王汗从斡难河地区的虎图泽出发，向敌人发动反攻。

到了秋天，双方在捕鱼儿海子附近遭遇，展开激战。经过残酷的厮杀，王汗和铁木真的联军击溃了合答斤、散只兀等五部联军，给其以毁灭性的打击，俘虏了很多部众，掠夺了大量牲畜和财宝，铁木真全部交给了王汗。

这年的冬天，王汗率军沿河东行返回。铁木真的军队驻扎在金边墙附近的彻彻儿山。他并没有闲着，而是利用这段时间，独自对付一些势力不是很强大的部落，逐步拓展地盘，壮大实力，清除敌对势力。他发兵攻打塔塔儿部察忽儿斤·帖木儿、篾儿乞部阿剌兀都儿、泰赤乌部乞儿罕太师的联军，在答兰捏木哥思原野展开大战，最后大获全胜，击溃了塔塔儿等部联军。

经过近二十年的征战，铁木真打败了塔塔儿部和泰赤乌部，为父亲和族人报了血海深仇；他对札木合和王汗采取先结盟，然后择时吞并的方法，有张有弛地利用他们的实力；他排除内忧，收服了主儿勤部，让自己的部族成为一个团结的队伍。随着他的不断征战，他的力量日益壮大，成为蒙古草原上的真正霸主。

第五节　三雄争锋

铁木真成为乞颜可汗以后，蒙古高原上便形成了铁木真、王汗、札木合三足鼎立的局面。铁木真的崛起在草原上引起了轰动，他的威望和势力日渐强大，开始了与王汗和札木合之间的三雄争锋。

在铁木真称雄草原的过程中，他不断地吸引优秀的人才与他结盟，又保持着与这些英雄之间的巧妙争霸。他就像一个技艺精湛的棋手，在与对手的联盟和争斗中运筹帷幄、有分有合、游刃有余。

札木合是蒙古札只剌部的首领，他们居住在额尔古纳河流域，那里水草丰盛，部众人数颇多，势力强大。札木合野心勃勃，他继承叔父创下的基业，年轻有为，广泛收集部众，受到蒙古各部的尊重。

札木合是铁木真的挚交，他们二人是草原上的两只雄鹰，在当时都是为数不多的英雄人物。两人的关系十分复杂，幼年时，铁木真和札木合是友好的伙伴，两人一同游戏、一同射猎，还两次结为安答，关系异常亲密。铁木真在妻子孛儿帖被篾儿乞部掳走时，被迫求救于札木合。札木合二话没说，就义不容辞地派出两万精兵帮助铁木真击溃篾儿乞部，救回了孛儿帖。那时铁木真的力量仍然十分薄弱，在草原上难以立足，札木合就收留了铁木真和他的部落。1180年秋至1182年初夏，铁木真在义兄弟札木合处，与他同住了一年半，两人逐渐因争夺部众的利益而失和。铁木真与母亲、妻子商议，听取了妻子孛儿帖的意见而离开了札木合。

札木合无法容忍铁木真对他的利用和背叛，他决定联合其他部落，共同讨伐铁木真。

两个无关紧要的人物，却引发了二人之间的决裂。札木合幼弟给察儿被铁木真的部下札剌儿人拙赤答儿马剌杀死了。札木合本来就是个疑心重重的人，顾虑铁木真的日益壮大，他听说兄弟被杀，勃然大怒，决定将一切责任都推到铁木真身上，以此为借口起兵攻打铁木真。这个时候的铁木真羽翼已丰，他不能容忍札木合的嚣张，立即组织起自己的军队部众。铁木真共组织起了一万三千名骑兵，他把这些部队划分成十三翼军队，按阵排列作战，开始了同札木合的较量，这就是前文所说的著名的十三翼之战。

铁木真的力量远远处于劣势，札木合方面的总兵力超过铁木真方面一倍以上，而且训练有素，彪悍强壮。经过几次接触之后，两军大战了一场，结果铁木真大败而归。

札木合获得胜利后，开始严酷地惩罚对手，他大肆屠杀被俘的捏古思人，无论老幼病残几乎全部处死，引起许多部众的不满。这给了铁木真以可乘之机，据说有三十多个部落的五十多个贵族站到了他这一边，尊他为汗，与他一起抵抗札木合的进攻。这些贵族本来是与札木合结盟的，现在反而成了铁木真的盟友，札木合气急败坏却又无计可施。

铁木真汲取了与札木合初战失利的教训，他认识到这个时候如果单靠自己的力量，实力还远远不够，他所面临的强敌不但数量众多，而且力量强大，他必须有坚强的同盟，才可以在混战中立足。因此，铁木真刻意巩固与王汗结成的统一联盟。有了王汗这一可靠的同盟军，利用他所统帅的强大的克烈部的兵力，铁木真先后扫荡了蔑儿乞，攻打了塔塔儿，最后打败了札木合联军。依靠同盟的力量，铁木真不仅歼灭了一个个的敌人，而且乘机扩大了自己的势力，开拓了疆土，扩建了军队，为实现自己更为远大的理想奠定了基础。

可以说，在铁木真后来的几个主要敌人中，札木合是最为杰出的。他年富力强，与铁木真年龄相当，而且曾经是结义兄弟，从各方面来说他们都不相上下。但是札木合的成长道路要比铁木真平坦得多，他年纪轻轻就成了札只剌部的首领，势力不断壮大，跻身于草原群雄的行列。而铁木真当时正受苦受难，牵着九匹马艰难过活，生活尚且不保，又怎么能争霸草原?

札木合的一帆风顺的经历使他养成了很多致命的弱点。十三翼之战中，他的实力远远比铁木真强大，在战斗中也取得了胜利，但他没有乘胜追击，在铁木真内部不稳、势力尚弱的时候一举消灭，在取胜后他就退兵了。为了对背叛他的捏古思人施以惩罚，他命人用七十口大锅把俘获的叛徒活活煮死，引起了完全相反的反应。他使那些已背叛他的人不敢再回到他的手下，同时也激起了其他贵族的反感。这也注定他走上了一条和铁木真完全不同的谋权之路，也就是失败之路。

与札木合相反，铁木真具有令人归顺的气质和风范。由于幼年丧父，铁木真自幼在极度艰苦的环境中成长，经历了重重磨难的锻炼，他身受母亲的教育，胸怀重振父业的大志，他遇事冷静镇定，“深沉有大略”，养成了高度的自制能力，能够理智地控制住自己的感情。

在十三翼之战后札木合多次纠结各部落，与铁木真角逐了十余年，终于在1201年，被铁木真与王汗的联军彻底击败。此后，札木合先后依附过王汗和乃蛮太阳汗，已失去了和铁木真争霸的资格。1204年，铁木真击败乃蛮部太阳汗之后，寄身于此的札木合只带着少数随从做了最后一次逃亡。茫茫草原无立身之处，札木合最后被自己身边的亲兵抓起来送到铁木真那里。

打败了十几年相争的敌人，本来是件十分快意的事情，按照铁木真的性格他会毫不犹豫地处死敌人。但是这一次铁木真犹豫了，他对札木合的处理十分审慎，没有简单粗暴地把他当做敌人来对待，而是念及了往年的情谊。铁木真深记札木合自幼与自己为伙伴，曾多次结为安答，又有出兵帮助自己救回孛儿帖的恩情。札木合虽曾多年与自己在战场上角逐，但没有起过杀害自己的心，在十三翼之战没有乘胜追捕。当自己与克烈部交战于哈兰真沙陀时，札木合曾派人将敌人的部署告诉过自己，帮助自己获胜；当自己在纳忽昆山上与乃蛮人作战时，札木合曾宣扬蒙古军的威武，使乃蛮人心惊胆战，未战而败。念及这些，重情谊的铁木真劝札木合降顺，重新做自己的安答，不愿将他杀死。

札木合也是草原的雄鹰，一直以当世英雄自居，他宁为玉碎，不为瓦全，既然在角逐中失败了，就不愿再苟且偷生。铁木真尊重札木合的英雄性格，于是答应了札木合的请求，赐他不流血而死，让部下把札木合裹到牛皮里绞死了。铁木真厚葬了札木合，并妥善地安置了他的家人。

克烈部的王汗也是草原上的雄鹰，尽管有些老迈了，但反观铁木真逐渐壮大，正是因为借助了草原雄鹰王汗的力量。如果没有王汗的支持，铁木真不仅无法在草原立足，甚至有可能在仇家的追杀中被杀死、饿死，日后的崛起就更无可能。

铁木真刚刚崛起的时候，他审时度势，意识到自己险恶的处境必须依托一个强有力的靠山，只有先安身立命，才能谋取以后进一步的发展，而王汗也清楚地认识到自己的力量也不是足够的强大，需要铁木真这样的草原壮士的支持，丰满自己的羽翼，因此二者的结盟成为必然。铁木真小心翼翼地维护着同王汗的结盟，他每次出兵，抢得的牲畜、财物大部分都要献给王汗，这些手段博得了王汗的信任，巩固了与王汗的关系。

1189年，铁木真被推选为乞颜部首领后，由于实力不强，不足以对付众敌，他更加努力巩固与王汗的结盟关系，利用王汗的支持、援助，与他联合出兵，一步步消灭曾经威胁过自己生存的仇敌。为了获得王汗的信任，铁木真努力恪守子臣之职，凡有虏获必先贡献给汗父王汗。

在王汗面临困难的时候，正是铁木真帮助他重建部落。铁木真家族与王汗部落有着深厚的历史渊源，铁木真的父亲也速该也曾经帮助过王汗，这也是他们之间的关系微妙变化的原因。

历史上，王汗在父亲忽儿札胡思死后继承了汗位，为了独揽大权，他杀死了自己的两个弟弟：台帖木儿、不花帖木儿。另外两个免于被害的弟弟是额儿客合剌、札合敢不。王汗的叔叔古儿汗起兵讨伐，将他击败，驱往山谷。后来王汗借助铁木真之父也速该的力量，才得以恢复汗位。

王汗恢复汗位后，又企图杀害额儿客合剌。额儿客合剌逃出，投奔了西面乃蛮部的亦难察汗。亦难察汗很怜悯他，也想乘机打击克烈部的势力，便出兵相助，击败了王汗。

王汗连弃三城，向西奔逃，其弟札合敢不投往铁木真。王汗一直逃到西辽的古儿汗那里。然而当时西辽也处在内乱之中，他又与古儿汗不和，因此难以在那里栖身。王汗在西辽不到一年，又踏上归途。他经过畏兀儿、西夏，随身所带只有五只母山羊和二三只骆驼。他以山羊乳、骆驼血为饮食，骑着一匹瞎眼黑鬃黄尾马，穷困潦倒，来到漠北的古泄兀儿海子。这里曾经是他和也速该一起住过的地方。

听到了王汗的悲惨境遇，铁木真特地派塔孩把阿秃儿、速客该者温二人前去迎接他，铁木真又亲自到克鲁伦河的上游去见他，把他安顿在自己的牧地上。铁木真还从自己的属民那里征收了税物，供给饥饿的王汗使用。王汗之弟札合敢不这时正在金朝的边境上，铁木真请他回到蒙古。在他返回的途中，遭到篾儿乞人袭击，铁木真派撒察儿别乞和泰出二人前往救援，札合敢不得以平安归来。

王汗在铁木真的帮助下，又回到土兀剌河的黑松林故地。在这里，他大摆宴席，重叙了和也速该把阿秃儿结为安答的情谊，并再次确认了他和铁木真的父子关系。

1197年，铁木真出兵攻打篾儿乞部脱脱别乞，在莫那察一带击溃了属于篾儿乞部的兀都亦惕部，进行了大肆屠杀、掠夺。尽管这次战斗是铁木真单独行动，为了博得王汗的欢心，铁木真还是把战争中夺来的牲畜、财物等全部献给了王汗，自己丝毫也没有留下。他通过这种办法，进一步巩固了和王汗的联盟。

在铁木真的帮助下，王汗的势力逐渐得到恢复。王汗是个非常贪心的人。1198年，他没有和铁木真商议，也没有约铁木真一同行动，自己率部单独出兵攻打篾儿乞部，在不兀剌原野上打败篾儿乞人，杀死了篾儿乞部首领脱脱别乞的儿子脱古思别乞，俘获脱脱的两个女儿忽黑台、察剌温，还掳走了脱脱的两个儿子忽都、赤剌温。此外，王汗还夺得了无数牲畜、财物、人口，但是却丝毫没有给铁木真。铁木真虽然知道，却故作不知，避免引起双方的矛盾。

重新掌握大权后，生性多疑的王汗变得更加多疑，甚至对于铁木真，他也越来越不放心，打算对其下毒手。有一次他和铁木真一起开会，他事先布置了杀手，企图在宴会上把铁木真抓起来。宴饮时，巴阿邻部的阿速那颜觉得气氛不对劲，起了疑心，为防不测，他将刀子插在靴筒里做好准备。他还特意坐到王汗和铁木真的中间，一边吃喝谈笑，一边不断地左顾右盼。王汗知道阴谋已经败露，才打消了这个愚蠢的念头。

王汗的卑鄙行为不但激化了和邻近部落的矛盾，也激起了他的亲属和部下的愤慨，他们聚在一起批评说：

> 我们这位汗兄，像吹灰似的杀戮亲族，是个心怀恶意不成器的人。他杀了自己的亲兄弟，逃到哈剌契丹去乞求保护，是个不爱自己的国家，受到艰难困苦的人。当初他七岁的时候曾被篾儿乞人掠去，给篾儿乞人捣米过活，是父亲忽儿札胡思把他救了出来。他在十三岁的时候，又和母亲一起被塔塔儿的阿泽汗掠去，给人家放骆驼，他想尽了办法才从那里逃出。后来他惧怕乃蛮亦难察汗的攻打，又往西边逃跑，穷途末路才来到铁木真这里，铁木真征收税物供养他。现在他却忘了恩情，再起恶念！

这些批评被人听到，告到王汗那里。王汗下令把议论他的人都逮捕起来，只有札合敢不得以脱身，逃到乃蛮部去了。王汗把被捕的人关到一个屋子里，斥骂他们说："你们说我在畏兀儿一带、西夏一带怎样来着？你们胡说什么！"王汗使劲地唾他们的脸，其他人也都起来唾他们的脸面。责罚之后才把这些人释放掉。

所有这一切，铁木真都看在眼里，但是他隐忍不发。因为他知道，王汗毕竟是强大的克烈部的统治者，为了事业，他还必须与之结盟，借助这位“汗父”的力量去打击更危险的敌手。

尽管铁木真真心对待王汗，但王汗并没有真心回报他，在危急关头，甚至不惜出卖他。他们合作取得远征不亦鲁黑汗的胜利之后，共同率部踏上归程，从阿尔泰山北坡和杭爱山南坡之间沿着拜达里格河河谷而行。联军正在行进之间，突然碰到乃蛮战将可克薛兀·撒卜剌黑。这位乃蛮战将早已在拜达里格河河谷扎下营盘，切断了蒙古联军回营的交通要道。两军相遇，摆开阵势，正准备厮杀，但铁木真和王汗一看天色已晚，便决定今日暂且休息，等待明日再战。

人心难测，这天夜里发生了一个非同小可的事件：半夜里，王汗竟然命人点起一堆堆的篝火，制造正在宿营的假相，而实际上，他却率部拔营，乘着夜色的掩护，连声招呼都没打就悄然撤走了。由于铁木真不知道这一消息，这就势必使他处于单独遭遇乃蛮人，孤军奋战的危险处境。为什么会出现这种情况呢？原来还是札木合。因为现在札木合已经是草原上内心中最敌视铁木真的人了，在此次远征乃蛮之战中，他随王汗一同出征。在胜利之后班师回营的路上，札木合向王汗说铁木真的坏话，以激起这位心无主见的王汗对铁木真的不信任，自己好从中得渔翁之利。他挑拨王汗说铁木真早已同乃蛮部秘密勾结，他说：“直至现在，战事这么紧张，他都迟迟不来！大汗啊！不分冬夏常栖于北方永远不离开出生地的是我们的白翎雀，而冬寒飞往南方风和日丽处者是雁雀铁木真安答。他之所以迟到的原因在于他已经回头向乃蛮部投降了。”

铁木真对这种最坏的情况丝毫没有准备，他被蒙在鼓里，照常在原地扎营过夜，准备翌日和乃蛮部展开厮杀。一直到第二天天明，他才发现王汗已抛下他独自撤走了。他马上下令撤退，从杭爱山顺利地回到了撒阿里草原。

王汗背信弃义，抛下铁木真独自撤走，他不但没有取得任何战果，而且得到了应得的报应。原来，当他悄悄地向其老营所在地土拉河上游撤退时，乃蛮战将可克薛兀·撒卜剌黑发现了他们，立即挥师追了上来，并且抢先在帖列格秃山口向他们发动突然攻击，俘获了许多克烈人，缴获了大量食物和牲畜等战利品。桑昆的妻女也被掳去。王汗搬起石头砸了自己的脚，反而成了铁木真撤退的掩护。

王汗处于危险之中，只好厚着脸皮向前几天被他阴险地背信弃义抛弃的铁木真求救。铁木真本来可以趁此机会报数之日前被抛弃之仇，至少也可以要求王汗为得到援助而付出高昂代价。但是铁木真却并没有这样做，而是表现出令人敬佩的宽大胸怀。他立即接待了王汗派来的求援使者，立即决定派出他的重将四杰（博尔术、木华黎、博儿忽和赤老温）火速驰援。

正当此时，乃蛮战将可克薛兀·撒卜剌黑把已经缴获的战利品收藏好后，又回军向桑昆发起猛烈攻击。战斗十分激烈，没过多久，桑昆的两名重要将领帖勤忽里和亦秃儿肯玉答忽就被可克薛兀·撒卜剌黑砍于马下。桑昆大惊，正待撤军，冷不防坐骑之腿被流矢射伤，他不幸落马。乃蛮人一拥而上，正要活擒桑昆，在此千钧一发之际，铁木真的四杰飞马冲入阵中，当先一将，快如闪电，尚未等乃蛮人反应过来，就救走了桑昆。此人正是博尔术。乃蛮人见势不好，急忙向四面溃散而去。王汗也趁势收回了被可克薛兀·撒卜剌黑缴获的战利品。他对铁木真感激不尽："昔日您的父亲也速该勇士曾为了救我不顾生死，今天他的儿子为了救我也竭尽全力。我王汗何以报此大恩大德，我对您的感谢只能是天地知道，天地保佑了。”

随着形势的发展，王汗对铁木真的担心越来越严重。他的儿子桑昆向来就与铁木真不睦，王汗不甘心铁木真日益强大，与他们平起平坐，平分权益，从而对他自己构成威胁。札木合兵败之后，王汗没有将他置于死地，反而收留了他，其用心显然是为了壮大自己，防备铁木真。

札木合投靠了王汗之后，开始影响到铁木真与王汗的联盟关系。乃蛮人四处行动，对王汗的利益构成了很大的威胁，札木合于是向王汗献计，说乃蛮之所以如此猖獗，是因为铁木真同他们暗通，乃蛮人有恃无恐，所以不把王汗放在眼里。王汗本来对铁木真的日益壮大感到担忧，他害怕乃蛮人和铁木真走到一起，于是听信了札木合的谗言，放弃铁木真而独立行动，发动了对乃蛮人的进攻。王汗出师不利，几个回合下来，竟然被乃蛮人所包围，面临着全军覆没的危险。这时铁木真得到了消息，他不计王汗单独行动的前嫌，出兵相救，击溃乃蛮人，王汗才转危为安。经过这一事件，王汗对铁木真的信任稍稍恢复了一些，铁木真也想趁机加强他们之间的联系，他准备把自己的女儿嫁给王汗的孙子，用联姻的方式给同盟加一层保障。

桑昆一口拒绝，并且骄傲自大地说：“他的女儿如果嫁到我家，只能站在门后做卑妾，要仰看主人的眼色。我的女儿如果嫁到他家，是做到正位上做主子，俯视在门后的卑妾们。”桑昆的言辞激起了铁木真部下的愤慨，他们纷纷要求解除婚约，惩罚桑昆。铁木真也感觉受到了极大的侮辱，作为一个家长，他绝不能接受他人侮辱性地拒绝婚约。但作为一个部族的族长，一个一心要称霸大草原的男儿，他默默地承受了下来。他深知，这时自己还不具备与王汗抗衡的实力，绝对不能和王汗翻脸。

铁木真的让步使桑昆更加得意忘形，铁木真的日益强大则使桑昆日益寝食难安。他越来越不能容忍，通过亲信向王汗禀报说：“铁木真有野心，他图谋叛变，我们必须先下手打垮他。”王汗当然不像桑昆一样无能而冲动，他有野心，觉得铁木真是一个可用之材，只要好好加以控制，是对自己极为有利的。他从铁木真身上尝到过许多甜头，铁木真不但每次把掠夺的财物的大部分都送给了他，而且救过他几次性命，从不忤逆自己。起初，王汗警告儿子桑昆不要拨弄是非，后来铁木真屡建奇功，王汗也生起顾虑来。他禁不住儿子的挑拨，对铁木真的信任逐渐消失，尤其是在严峻的对峙形势面前，铁木真日益壮大，自己的年龄却日益增长，他不得不改变原来的态度。

经过长期的谋划，桑昆和札木合精心设计了一个计划，他们打算以答应铁木真的联姻为理由，邀请他赴宴，趁机在宴会上将他除掉。计划定好后，二人把详细的安排禀告给了王汗，在一番思想斗争之后，王汗采纳了建议，决定除掉铁木真。定下了计策，桑昆就派人通知铁木真，同意把女儿嫁给铁木真的儿子，请他喝许婚酒。铁木真十分高兴，对桑昆的邀请信以为真。到了酒宴那天，铁木真率领礼节队伍，准备了礼物浩浩荡荡地出发了。刚走出营帐，铁木真一行遇见了抚养他成人的老人蒙力克。蒙力克见铁木真一行兴高采烈，就询问他什么事情如此高兴，铁木真下马向蒙力克说明事由，蒙力克听后，立刻面色阴沉着道：“桑昆阴险狡诈，王汗老谋深算、出尔反尔，他们肯定不会如此轻易地答应婚事，这肯定是个陷阱，一定是他们设了圈套，要打探清楚了再去。”

蒙力克的一番话提醒了铁木真，他恍然大悟，立刻停止队伍前进，依蒙力克之计，派两名随从去告知王汗说春天马瘦多病，不便长途奔波，等秋天马肥之时再去赴宴。

阴谋失败，王汗父子决定直接向铁木真宣战，刀兵相见。他们乘铁木真没有防备，第二天一早去围捕铁木真。本来这个计划天衣无缝，但是铁木真命不该绝，一名叫也客扯连的贵族参加了这个会议，回去后就把这个情况对妻子说了。恰好被送马奶来的牧马人巴歹听到，巴歹是铁木真的间谍，他与另一名间谍乞失里黑商议之后，当夜骑马赶到铁木真驻地报信。

在铁木真的帐篷后面，巴歹和乞失里黑将他们了解的情况全部禀报给铁木真。铁木真听后大惊，立即召集部下，命令他们抛弃所有贵重东西，连夜轻装撤退。队伍一路狂奔，第二天夜晚，他们来到哈兰真沙陀。人困马乏，行动速度逐渐放慢下来，王汗的前锋骑兵很快就追到了。铁木真不顾队伍疲劳，立即下令整顿队伍准备迎战。

王汗父子蓄谋已久，经过充分准备，调集了大量军队，在数量上远远超过了铁木真的军队。但是他们对铁木真心存忌惮，王汗为了稳妥起见，下令组成四支主力纵队，准备轮番向铁木真进攻，一举消灭他。

札木合本来不想为王汗出力，他只希望王汗与铁木真相斗，两虎相争，必有一伤，自己正好从中渔利。他见王汗势力占绝对优势，铁木真难以抵挡，为了让两人血拼，札木合又暗中派人把王汗的战斗部署通知了铁木真。王汗请札木合为总指挥带兵与铁木真交战，札木合一口拒绝了，他为了保存实力，战争一开始，就离开了战场。

得到了王汗的军事部署，铁木真就可以从容应战了。他针对王汗军队的布置作了精心安排，以勇敢善战的兀鲁兀人当前锋。战斗开始，兀鲁兀人在猛将术赤台等人的指挥下，按照铁木真的声东击西战术，一连击败了王汗的四个纵队，还射伤了桑昆，阻止了敌人的进攻。铁木真则趁着敌人混乱率领众人边打边撤，王汗准备继续追杀铁木真，他的部将阿赤黑失仑劝告他，先给桑昆养伤要紧，王汗听信了他的话，没有继续追赶下去，给了铁木真喘息的机会。铁木真抓住时机，留下少量精锐骑兵断后，迅速率领部下突出包围圈，摆脱了王汗的追杀。这次战斗是铁木真在草原征战过程中最危险的一次战斗，在敌众我寡、力量悬殊的情况下，保存了实力，这对他以后的发展有决定性意义。但是经过一番苦战，铁木真实力大减，不得不避开克烈部，积蓄实力。

铁木真退至蒙古地界的最东边贝尔湖一带，几乎被赶出了蒙古疆域。但是，随着他逐渐接近大兴安岭，在走出位于下克鲁伦河流域和贝尔湖地区的那片凄凉而令人伤心的草原时，他又找到了牧草丰美的牧场和盖满山麓的越来越稠密的森林。一方面，他可以在这里使因被迫大撤退而精疲力竭的人马得到很好的休养；另一方面，可以在那里积蓄力量，训练兵马。他不断地收附民众，扩大力量，收服翁吉剌部是这期间一个很大的成果。

铁木真不敢有丝毫懈怠，为防止王汗再次攻打，铁木真派使者向王汗表明自己的忠心，没有任何对不起王汗的地方，更没有背叛的野心。铁木真还责备王汗的背弃盟约的行为，斥责王汗不信守诺言，指责他听信小人的言论，把他们的挑拨离间当成了忠言。铁木真再次诚心提出讲和，并追忆以前王汗对自己的种种好处，这样使王汗听起来十分感慨，他说：“唉，我老糊涂了。以恩报仇，与我儿铁木真分离，实在不是做人的道理。”

与此同时，铁木真也对克烈部进行分化、瓦解。他派人责问札木合、叛徒阿勒坛等人：“你离间了我与汗父，现在我与汗父准备重归于好，希望你们不要再次对我们挑拨离间。”本来王汗与铁木真的修好令札木合等人万分害怕，现在铁木真派人来责问更使他们担心不已，害怕会受到铁木真的报复。桑昆、札木合、阿勒坛等人各怀鬼胎、相互猜忌，他们以为铁木真正与其他人联合，对付自己！桑昆等人的内心受到了极大的震撼，开始动摇起来。不久，克烈部的一部分撒合亦惕人逃到了铁木真处，归顺了他。札木合、阿勒坛等人趁机逃到乃蛮太阳汗处去了。这样，铁木真成功地化解了危机，瓦解了敌人，他受到重创的力量也开始恢复起来，为反攻做了精心的、全面的准备。铁木真的力量恢复之快、反攻步伐之坚决，是王汗和札木合所没有料到的。

在分化瓦解敌人的同时，铁木真成功地团结了自己的部下，使他们更加忠心地追随自己。蒙古族中至今还流传着“班朱尼河之盟”的故事，人们把这件事当做兄弟一心的典范。当铁木真被王汗的军队击溃的时候，他撤退到克鲁伦河下游的班朱尼河，手下只剩了二千六百人，大部分部众在战争中被冲散，只有十九名将领紧紧跟随着他。因为所有的辎重都被抛弃，队伍长途跋涉，士兵们都饥渴难忍。这时一匹野马忽然奔来，铁木真捻弓搭箭，野马应声而倒。铁木真率领将士们饮马血、吃马肉。他拉着这十九名将领，跪在班朱尼河边，对天发誓道：“我铁木真有朝一日大功告成，一定与诸位同甘共苦，倘若违背此盟，就让我变成这河中的浑水！”

铁木真用他的誓言深深地打动了手下的将士，在场者无不感激流泪，甘心为他所用。后来，这十九名将士都成了蒙古国的开国功臣，无一背叛。从这一点上来看，铁木真收买人心的做法实在高人一筹。他不用虚情假意，利用自己的赤胆真诚，只是短短几句话，就能使手下人以死相报，这更加显示了他的高明之处，也是他人格魅力的光辉写照。

危机度过以后，铁木真苦心经营，离散的部众渐渐归来，无论人多人少，铁木真都给以妥善安置，分配给他们牛羊。一些临近的部落听说他如此仁慈，也纷纷去投奔他，队伍日渐壮大，铁木真的势力终于恢复了。

铁木真的志向像辽阔的草原一样远大，他绝不满足于做一个部落的首领，他要做全草原的大汗。当时机一旦成熟，铁木真决定“先下手为强”。铁木真决定要掌握主动权，主动去打击敌人。

机会终于来了。1203年正月，王汗在与金兵的交战中大败，他损失了一半的兵力，仓皇逃到了漠北。铁木真决定利用这个机会，趁王汗心神未定、势力未复之机给其以毁灭性的打击。王汗虽然受到了重创，实力却仍然存在，逃到漠北之后，他立刻招募散失的部众，积蓄恢复力量。

1203年秋，铁木真在准备攻打王汗克烈部之前，派合撒儿的那可儿（亲兵）哈柳答儿、察兀儿两人为使者向王汗伪传合撒儿愿降于王汗的消息，乘机探明王汗的情况。

合撒儿叫来这二位密使，当面说道：“汝二人见王汗，可以我言告王汗，我四处寻觅我兄铁木真，未得见其踪迹也；我呼而唤之，不闻其回声也。我夜无栖身之帐篷，聊以星空为穹也；我寝无所抬之头颅，但以秃地为枕也。我之妻儿尚在父汗处，心中悬念也。倘得父汗赐我希望与保证，我其复归父汗处也。”

合撒儿编造这样一篇谎言，目的是为了骗王汗，使他放松警惕。铁木真事先已告知合里兀答儿和察忽儿罕这两位间谍，他二人先行一步，大军随后就到。他命此二人完成使命以后立即返回与他会面，向他面呈所收集到的情报。

密使派出以后，铁木真便调动全军，从巴勒注纳湖畔起程来到下克鲁伦河河谷，扎营于阿儿合勒苟吉，等待密使返回。

哈柳答儿和察兀儿于大军起程前几天出发，昼夜兼程，顺利来到王汗处。二人见了王汗后，即按合撒儿的吩咐向王汗进行转达。王汗对合撒儿的话深信不疑，当即表示欢迎合撒儿回来。他对二位密使说：“汝二人可传语合撒儿，令他但来无妨，无须顾虑也！为令彼放心来归，我遣亦秃儿坚前往接应，以此为信可也。”并且确信铁木真早已逃走，便高枕无忧地升起他的金帐，饮酒作乐。同时，作为和解和原谅的保证，王汗派亦秃儿坚为使，带去一只牛角，角内盛有些许他王汗的指血（就像他前不久刺破手指，盛其血送与铁木真一样），送与合撒儿，以表达他的诚意。

合撒儿的诈降令王汗非常高兴，因为他带来了几千人马，正好可以为王汗壮大力量。这时落魄的王汗全力对付金人，他虽然对铁木真没有丧失警惕性，却无暇顾及，只能全力面对金人。合撒儿向铁木真报告说：“此时王汗无备，正设金帐大筵，可速往袭而围之！”铁木真听后，下令进兵。

王汗对所发生的一切悄然无知，他只顾招兵买马，重整旗鼓，哪里想到一个最危险的敌人正在悄悄地逼近。当铁木真的军队准备发动进攻的时候，王汗还在自己的宫帐中宴饮，庆祝自己增添了新的力量。他喝得醉醺醺地回营休息，直到铁木真冲锋的号角将他从睡梦中惊醒。克烈部毕竟实力犹存，他们的力量仍然胜于铁木真，这一场激烈的战斗持续了三天三夜才结束。依靠这种出其不意的突然袭击，铁木真冲垮了王汗的队伍，打乱了敌人的部署，铁木真部下的骁勇善战也加速了王汗的灭亡，这场根本不可能的胜利就凭着铁木真的勇猛和胆识就这样发生了，最强大的草原霸主王汗被彻底消灭。

混战中，王汗企图重新整发队伍，与铁木真决战。眼看四处乱作一团、火光冲天，在大势已去的情况下，只能与桑昆夺路而逃。人到穷途末路才反思自己的过错，王汗对与铁木真决裂后悔不已，正是与他的决裂才造成了如今的举目无亲、遭受袭击的痛苦。而这一切都是由于桑昆而引起的，此刻王汗对桑昆怨恨之极，最后终于与他分道扬镳。王汗在逃到乃蛮部时被那里的守将杀掉，而桑昆只身一人逃往西夏，后来逃到西域地区的曲先（今新疆库车），因为抢掠而被当地人所杀，桑昆的妻子和儿子被送到了铁木真处。

强大的克烈部已经成为过去，克烈人成了铁木真的部属，王汗的领土也归铁木真所有，蒙古草原的绝大部分地区都成了铁木真的领土。

当铁木真必须依赖王汗的力量的时候，他每次都把大部分牲畜、财物等战利品让给王汗。可惜王汗是个贪婪而又昏庸无能的君主，他与铁木真结盟，只是把他看做是可利用的臣子，生财的工具，每一次的出兵，王汗只是一味地掠夺，甚至连铁木真该得的那一份战利品也不放过。铁木真没有将这些蝇头小利放在心上，他损失了一些财物，却扩大了牧地、部众。铁木真以物质上的付出，巩固了暂时的同盟，壮大了实力。当他的实力强大到可以与王汗对抗的时候，他与王汗的矛盾也就越来越不可调和了。转眼间，盟友变成了敌人，经过几年的艰苦卓绝的战斗，铁木真终于消灭了长期的盟友、王汗统率的克烈部。

在三雄争锋的过程中，铁木真充分地运用了自己的力量，并抓住了与札木合、王汗联盟以及战争的时机，通过联盟增强自己的实力、扩大自己的影响，当自己的力量强大以后，又不失时机地消灭对方，这是一种上乘的制胜心法。铁木真对部落之间的交往操纵自如，在与对方的竞争和合作中不断地寻找契机和强盛之道，他的强大和成功，便也是水到渠成了。

第三章

一代天骄

第一节　统一蒙古

蒙古美丽、辽阔的大草原养育了铁木真。在这美丽、辽阔的土地上，铁木真自幼深受亲人和伙伴的爱戴与帮助，他与敌人殊死搏斗，与亲人相依为命，养成了他爱憎分明、坚忍不拔、淳朴自然的性格。他本是大草原的儿子，血液里流淌着与大草原合一的质朴品质，对于亲人、朋友和大自然充满了热爱，加之这些苦难的经历，更让他的生命中洋溢出不屈的血性和蓬勃的生机。

伴随着挥汗如雨的痛苦，伴随着夜以继日的征战，伴随着搏击风雨的考验和风险，雏鹰终于可以展翅，在蔚蓝的草原高空中翱翔了。经过三十多年的历练，四十四岁的铁木真终于迎来了人生的又一个巅峰，成为大漠草原上的“成吉思汗”。

公元1206年春天，成吉思汗在斡难河的源头召集“忽里勒台”大会，正式称汗，并得到蒙古各部落的承认。在蒙古语中，“忽里勒台”是“盛大聚会”的意思。他命手下在大帐前树起九游白旗，作为新诞生的蒙古帝国的国旗，这时候，铁木真才成为真正意义上的“成吉思汗”，成为蒙古各部落的大汗。“成吉思”是“大海”的意思，颂扬他和浩瀚无边的大海一样伟大。“汗”是皇帝的意思。铁木真成为草原人公认的“成吉思汗”，人们尊敬他有大海一样宽广的胸怀，人们推举他为草原的皇帝。他是“伟大的王者”，“强大无敌的可汗”，“拥有四海的汗”。

一个将士，只需要骁勇善战；一代英主，则需要旷世胸怀。成吉思汗从率领一个部族的乞颜可汗成为要统领千军万马的大汗，他的指挥和领导潜力得到了最高限度的发挥。强调绝对的忠诚，他建构了神勇无敌的常胜之师；坚持用人唯贤的原则，他赢得了四方英豪的倾心辅佐；多谋善断、赏罚分明，他的军队具有超强的凝聚力；恩怨分明、打击敌人，他让仇人闻风丧胆、胆战心惊。他是蒙古人心中胸如瀚海的“大汗”，他是光耀史册、举世无双的“一代天骄”。

成吉思汗论功行赏，大封开国功臣。他每封一人，都要先充分赞扬和肯定此人的卓越功绩和贡献，各位功臣都被一种强烈的荣誉感激励着，对成吉思汗的赏罚分明异常佩服。成吉思汗对博尔术的赞扬最为动人，他从两人幼年的经历说起，回顾博尔术帮助他追回被盗之马，当时非常年轻的博尔术同他一见如故，挺身而出，弃马群于郊外，舍父亲于家中，伴他去追回马匹。成吉思汗历数了博尔术自帮助他追回被盗之马以来忠心耿耿为他效力的功绩。

成吉思汗对于手下有情有义，才获得他们的忠心拥戴。木华黎、博尔术撑着毛毡站在雪地里为他挡寒。者勒蔑在他受伤昏迷时为他吸吮伤口淤血，光着身子到敌营盗取马奶。神箭手哲别曾经是他的敌人，而他看中了哲别的能力，俘虏后加爵厚待，后者也是誓死效忠。即使在今天，这些事迹也算得上是可歌可泣的了。

如果说成吉思汗是头凶猛的老虎，那他的将士就是虎牙。他对于手下将士极为慷慨，甚至把整座城市、整个部落赐给有功之臣。作为一个小小的仅一百多万人民的蒙古族，能够征服亚欧大陆的绝大部分地区，这与成吉思汗爱护士兵、子民是分不开的，也与他和士兵团结一心是分不开的。成吉思汗对自己的士兵爱惜有加，他立下军令：战场上不能遗弃伤员，一旦有伤员被遗弃，该伤员所在百人队官兵全部处死刑！为了避免军队出现伤亡，成吉思汗从来不打硬仗，善于对敌人进行迂回作战，发挥骑兵的优势，进行闪击、奇袭，用自己最小的损失，给敌人最大的打击。

成吉思汗是一个军事天才，但他不傲慢，特别注意通过其亲信、近侍经常调查了解部属的情况，做到心中有数，以便处理好内部的各种关系和问题。成吉思汗自从称汗以来的种种英明果断的举动得到了人们的衷心拥戴，这种衷心拥戴甚至到了疯狂的程度。在过去追随主儿勤部的人们中，有一位札剌亦儿部勇士名叫古温兀阿。后来，他带着他的两个儿子木华黎和不合来投奔成吉思汗。同时，古温兀阿的两个弟弟赤剌温孩亦赤和者卜客也来投于成吉思汗麾下。古温兀阿这一家可说是英雄之家，他们都心甘情愿前来为成吉思汗效劳。特别是木华黎，他后来为成吉思汗征服了中原北部。者卜客从主儿勤营中带来了一个被抛弃的小男孩，名叫孛罗忽勒。他把这个小男孩作为礼物献给诃额仑，诃额仑收养了孛罗忽勒。这样，高尚的诃额仑就在战争期间由于偶然的机会共得到了四个养子，他们是：曲出（得自蔑儿乞部）、阔阔出（得自泰赤乌部属下之别速惕部）、失吉忽秃忽（得自塔塔儿部）、孛罗忽勒（得自主儿勤部）。成吉思汗有意把曲出、阔阔出、失乞忽秃忽、孛罗忽勒等幼儿从小交给母亲诃额仑抚养，以让他们长大起来充当“白天的眼睛，夜里的耳朵”。果然，诃额仑的这四个养子后来都成了世界征服者成吉思汗的最忠诚的伙伴。

成吉思汗非常爱惜跟随自己征战的将士，在率领蒙古大军作战时，他尽量充分地调查和了解敌情，为此他还经常派出大批哨兵探听敌情，并布置哨岗监视敌军的动向，以严防敌军突然袭击，尽量少让自己的部下流血和伤亡。

成吉思汗对待降将，即使是曾经伤害过自己的人，也是诚心相对，发掘他的潜能，为我所用，并且做到知人善任、用人不疑。

1202年，成吉思汗追击泰赤乌部，在斡难河畔与泰赤乌部展开激战。在战斗中成吉思汗的颈部被泰赤乌部将领只儿豁阿歹射伤，流血不止，后来经过其亲信者勒篾的努力抢救才得以脱离死亡的危险。战斗结束后，泰赤乌部被完全歼灭，只儿豁阿歹也同时被俘。成吉思汗讯问俘虏："刚才在战斗中，从山岭上用箭射伤我的人是谁？"只儿豁阿歹大义凛然，直言不讳地说："射箭的人就是我。现在可汗您可以将我处死，不过，杀死了我，也不能对您的疗伤有多大的帮助，倘若可汗饶恕我，我愿为您效命。我为您一马当先，横断黑水，粉碎岩石；您叫我到哪里，我就到哪里，去粉碎坚石，去挖取人心！"这个回答使成吉思汗十分赞赏，他说："凡敌人做了害人的事，多数隐瞒不露，你如今坦白相告，就足以证明你可以成为我忠实的朋友。"成吉思汗拍了拍只儿豁阿歹的肩膀说："你是一名真正的勇士，我本来要杀死我的仇人报仇，但是我不会杀死一名真正的勇士。现在，我希望你成为我的哲别，我希望你像我跟前的哲别一样保护我。"在蒙古语中，"哲别"的意思是"箭镞"。成吉思汗不计前嫌，大胆使用只儿豁阿歹，从此之后，这个青年勇士将以崭新的名字永垂蒙古征战史上。

此事之中，尽管成吉思汗被哲别一箭射中几乎丧命，但事后他却丝毫不计较个人恩怨，从言语中判断出哲别是一个胸襟坦荡的忠义之士。成吉思汗以宽宏大度的胸怀赦免了哲别，并将其收为身边的心腹将领，可见成吉思汗的胸襟和度量。而哲别果然不负大汗所望，在统一蒙古诸部时多建战功。1206年，被封为世袭千户；1211年，随成吉思汗攻金，在无数的大小战役中率领骑兵左右冲杀，配合主力部队屡败金军，后来又用迂回突袭战法攻破居庸关；是年底，他又率轻骑奔袭东京（今辽宁辽阳），攻克该城，大胜而归；1216年起，他担任主帅用两年时间消灭西辽残余的屈出律势力，为成吉思汗的西征扫除了障碍；1220年，他担任先锋将领攻入花剌子模国；次年，又与速不台等人率骑兵三万追击国王摩诃末，迫使其逃入里海中的小岛；随后数年，还与速不台等掠波斯（今伊朗），越太和岭（今高加索山），转战亚速海、顿河一带，击败钦察及阿速等部，深入俄罗斯，在迦勒迦河击败斡罗思和钦察联军。成吉思汗不计前嫌，换来了一位战功卓著的将军。

成吉思汗在对待将士的用人策略中展示了自己的大度和英明，在对待家庭成员的态度中，则表现了他重情重义，却又恩怨分明、很有主见的一面。他对父亲的尊敬和依赖深深地融入了他的性格之中，他为父报仇、为族雪耻的决心支持着他打败了塔塔儿；他对母亲的尊重和孝顺为他的几次人生转折赢得了先机，在母亲的点拨下他在妻子被掳时保持清醒和慎重，在与札木合不合时果断离开，在与合撒儿不合时网开一面；他对叔父也极为容忍，虽然叔父出尔反尔，有过背叛，但是他依然放了他一条生路；他对妻子给予尊重和爱护，妻子被掳为奴，生下敌人的儿子，他却能包容接受，对儿子也视同已出。成吉思汗的亲情如同火一样炽热，伴随着他至情至性的一生。但是，当这一把火被别人利用，或者因为自己的内心不平衡的时候，就烧伤了别人，也灼伤了自己。他儿时的杀兄和后来对合撒儿的差点痛下杀手，都是他的亲情失控的表现。

无论是在幼年时期，还是在成为帝王之后，成吉思汗对于自己的亲人伙伴都怀有深深的感情，他知道这些人是最为忠诚可靠的，正是他们的帮助成就了自己雄霸天下的梦想，正是他们提供了自己所依托的中坚力量和精神食粮。

成吉思汗虽然在年幼丧父，但是雄壮有力的父亲仍在他心目中留下了深刻的印象，使他久久不能忘怀。成吉思汗对父亲也速该把阿秃儿的感情是很深的，自幼年时起，父亲的英雄形象就永远铭刻在成吉思汗的心中。也速该是一个威武雄壮的汉子，他是蒙古乞颜部的首领，曾多次率领部下以少胜多，击败强大的塔塔儿等部落。有一次，也速该俘获塔塔儿部猛将铁木真兀格胜利归来，恰在这时长子诞生了，为了纪念这次战争的胜利，也为了让胜利的喜悦能够给儿子带来福气，也速该因此给刚刚降生的孩子取名为铁木真。也速该在蒙古草原上有许多英雄的壮举，他与强大的克烈部的王汗称兄道弟，并结为安答，成为蒙古最高贵的领袖人物之一。当年王汗遭遇失败的时候，也速该将他从困境中救出来，并解救出他的部众，使他保住了性命，重登克烈部的可汗宝座。当铁木真刚刚懂事的时候，也速该带着他去求婚，父子二人一路上风餐露宿，聘定了翁吉剌部贵族特薛禅的女儿孛儿帖为妻。也就是在这次求婚的归途中，也速该遭受塔塔儿部人的暗害，饮用了他们的毒酒，在回到部落后不久就永远地离开了人世。

也速该英年早逝，他高大的英雄形象永远铭刻在了成吉思汗的心中，继承父亲的遗业成了成吉思汗的不懈意念，失去父亲这一刻骨铭心的仇恨，成为成吉思汗不懈努力、艰苦奋斗的强大的精神支柱，也造就了他忍辱负重、百折不挠的坚韧性格。每当最困难的时候，成吉思汗总是以父亲为榜样，咬紧牙关，渡过困难。

成吉思汗长大成年，部族日益壮大，最终打败了残害也速该的塔塔儿部后，他表现出了残酷无情的一面。他召集宗亲议定，将成年的塔塔儿部男子全部杀光。在这缺乏人性的一面里，恰恰折射出成吉思汗感情中最诚挚的一面，他正是因为对父亲的爱之切，才产生了对塔塔儿人的恨之深。在父亲也速该死后三十多年，成吉思汗早已长大成人，他对父亲的感情依然没有淡漠。

父亲遇害后的日子，成吉思汗只能和母亲相依为命。他从小就目睹了母亲穿着破旧的羊皮，在斡难河畔采拾野果，采摘野葱，掘取草根，艰难地养活他和几个兄弟姐妹。苦难的生活使成吉思汗早熟起来，他深切地感受到了母亲对他的深情与养育之恩，稍稍长大一点，他就和弟弟们射猎捕鱼，减轻母亲的负担，帮助母亲维持全家的生活。童年的日子虽然艰辛清苦，却让成吉思汗感受到了真挚的人间亲情。

成吉思汗对母亲是非常关心和尊重的。有一次，仇敌篾儿乞人突然来袭，成吉思汗立即与弟弟牵来马匹，护送母亲骑战马迅速逃离，等母亲进入不儿罕山的森林，看不见人影的时候，他才最后逃走。成吉思汗投靠札木合后，住在札木合的草原上，他时时担心自己不在身边，母亲会有很多困难，不久就把母亲和弟弟们接了过去。成吉思汗与札木合出现矛盾的时候，他首先征求母亲的意见，遵从母亲的教导后，从札木合的牧地搬走，保住了自己的性命。后来，母亲渐渐地衰老了，经常感到很寂寞，成吉思汗就从敌营中拾得四个孩子，交给母亲抚养。在母亲的教导下，这四个孩子都长大成才。1206年蒙古建国后，成吉思汗首先封给母亲、弟弟帖木格两人各一万户百姓，并委派曲出等四人为辅弼大臣，帮助母亲进行管理。在别人的挑拨之下，成吉思汗与弟弟合撒儿发生了矛盾，成吉思汗害怕合撒儿篡夺权位，逮捕了合撒儿，母亲得知这个消息，立即赶到，斥责成吉思汗不顾兄弟手足之情。成吉思汗赶紧道歉，释放了合撒儿，不再听信他人的挑唆。不但对于自己的母亲十分孝敬，成吉思汗对自己的弟弟也特别关心。

成吉思汗对待自己的亲属完全出于真诚的爱，是父亲对儿子的宽容，是丈夫对妻子的关心，是兄长对弟弟的谅解。但是面对亲人所犯的错误，只要是在可以容忍的程度，成吉思汗都可以原谅。比如1202年，成吉思汗的叔父答里台斡赤斤跟随成吉思汗出征塔塔儿部时，与蒙古贵族阿勒坛、忽察儿等人勾结，不遵成吉思汗的军令，为了自己的私利，到处杀人，任意掠夺战利品，造成恶劣的政治影响。成吉思汗下令夺回他们所夺取的战利品，并且当着部众的面，鞭笞答里台斡赤斤。答里台斡赤斤很是不服："我是你叔父，你怎么能仅凭掳掠财物这样的小事就鞭打我？"成吉思汗回答道："你虽然是我叔父，但是我却是你可汗！"并下令把答里台斡赤斤驱逐出帐。这样，成吉思汗为了恢复军令的尊严，只好暂时割舍亲情。但是无论是阿勒坛、忽察儿，还是答里台斡赤斤，都觉得自己的自尊心受到了伤害，为此，答里台斡赤斤背叛成吉思汗，投靠了王汗，由于没能宽容，一时之间失去了重要的支持力量，这也是成吉思汗不愿意看到的。

1203年夏，面对克烈部王汗即将被消灭的情况，答里台斡赤斤又厚着脸皮从王汗处投奔成吉思汗。成吉思汗生平最痛恨不忠不义的叛徒，但当时形势所迫，还是答应了叔父的投降。当他建国后，成吉思汗想把答里台斡赤斤流放到眼睛不见的地方，以惩罚答里台斡赤斤的背叛行为。他的三员大将博尔术、木华黎、失吉忽秃忽劝谏道："大汗，您这样做如同自灭灶火，自毁其家。您的上辈亲人仅剩下叔父了，怎么能忍心将他抛弃呢？他这个人曾经是做过对不起您的事情，但您大人有大量，就让他住在您父亲幼时所居的营地上升起灶火吧。"过了好几年，由于成吉思汗的怒气也消得差不多了，最主要的原因是他本人的胸怀大度，所以他接受了博尔术、木华黎等人的建议，心情也渐渐平静下来，最终赦免了答里台斡赤斤。

成吉思汗对妻子不苛求，以博大的心胸来爱护妻子。公元1179年，也就是成吉思汗与妻子孛儿帖新婚不久，篾儿乞人来袭，成吉思汗为了护送母亲逃入不儿罕山里，将坐骑让给母亲骑，而孛儿帖因无马可骑，不幸被篾儿乞人掳去。根据草原上的风俗，凡是抢来的女人都要做胜利者的奴隶，所以孛儿帖被迫做了篾儿乞人赤勒格儿孛阔的女奴。第二年，即公元1180年被救回后，她生下了术赤。成吉思汗从心里能体谅妻子所受的委屈，因此他对待术赤这一可能并非他亲生的儿子不仅未加歧视、虐待，而且一直把他当做自己的长子看待。1207年，他命令术赤统率右翼军数万北征森林狩猎部落；1211年，他命令术赤与察合台、窝阔台共同率右翼军攻掠太行山；1217年，他命令术赤统率右翼军数万再次北征森林狩猎部落；1219年春西征前夕，他听从也遂皇后的劝告选立继位人时，首先征询术赤的意见；1219年秋，他命令术赤统率右翼军攻打锡尔河下游诸城；1221年，他命令术赤与察合台、窝阔台共同率军攻打玉龙杰赤城。战争结束之后，成吉思汗为了奖赏术赤的军功，把也儿的石河（今额尔齐斯河）以西，直到蒙古军铁蹄所踏到的西面广大土地全部分封给他。此后，术赤的后裔遂统治着无比辽阔的钦察汗国。成吉思汗始终把术赤当做自己的长子看待，授予其重要兵权，分封其重要封国，可见其性格之豁达。

合撒儿是成吉思汗情同手足的亲弟弟。在对待这位很有可能危及自己汗权的二弟时，成吉思汗的处理也颇为谨慎，但却表现出了更为强势的一面。

合撒儿与成吉思汗是一母所生，自幼患难与共、征战沙场。合撒儿长得魁伟强壮，力大善射，他随同成吉思汗东征西战数年，立下了汗马功劳。成吉思汗曾说："有合撒儿之射，别勒古台之力，此朕之所以得天下也。"由于战功赫赫，又是成吉思汗的亲弟弟，合撒儿在蒙古人中越来越有声望，地位也相当高。

这引起了成吉思汗的注意，一些别有用心的人也开始从中作梗。巴牙惕部的一位贤明老人说，合撒儿、札木合、撒察儿别乞等人是与成吉思汗争夺汗位的野心家。

蒙古地区生产落后，民风淳朴，宗教信仰极为盛行。宗教不但在牧民的日常生活中占有重要地位，其在国家统治中也是很重要的一方面。成吉思汗十分重视宗教的教化作用，宠爱一个名叫阔阔出的萨满教领袖。阔阔出与成吉思汗的弟弟合撒儿因为争夺财产而不合，他想借成吉思汗之手除掉合撒儿，就四处宣扬合撒儿应与成吉思汗分享治国之权。说："长生天有旨：一次命成吉思汗执掌国政，一次命合撒儿执掌国政。”他提醒成吉思汗，如果不及早对合撒儿下手，今后事情的发展会怎样就很难说了，这引起了成吉思汗的高度警惕。

1206年蒙古建国后，成吉思汗分封诸王，他有意地压制合撒儿，仅封给四千户，而当时成吉思汗诸子受封多达万余户。太后诃额仑曾对此很不满意，合撒儿作为成吉思汗的长弟，与成吉思汗同甘共苦，共成大业，功劳显赫却受如此待遇，心里也颇有意见。

面对力大善射、功高望重的合撒儿有可能危及汗位的形势，成吉思汗一方面必须加以防范，另一方面又需要顾及兄弟手足之情。受到阔阔出的几次蓄意挑拨之后，成吉思汗打算狠狠地惩罚合撒儿，他派亲信部队亲自将合撒儿逮捕，并加以严刑审讯。母亲诃额仑知道这件事后，害怕成吉思汗会残忍地杀害合撒儿，于是连夜赶来，对成吉思汗进行愤怒地斥责。诃额仑讲起当年母子几人共同流浪的往事。诃额仑捶胸顿足，双手托起乳房说：“你与合撒儿是一奶同胞，是亲兄弟，如果你要杀死你的弟弟，你就先把这个养他长大的乳房割掉吧！”成吉思汗立即冷静了下来，对母后道歉，并把合撒儿释放了。其实成吉思汗是一个十分重情谊的人，他本来也无心杀死合撒儿，只是对他进行警告而已。此后，为了防止合撒儿危及汗位，成吉思汗进一步采取策略，暗中夺取了合撒儿的大部分封民，仅给他保留了一千多户封民。这样，成吉思汗既顾及了兄弟手足之情，又抑制了合撒儿篡夺汗位的野心，防止了对自己的危害，直到合撒儿去世，其封民封地都被保留了下来，并由其子孙来继承。

阔阔出陷害忠臣，挑拨大汗和兄弟的关系，引起了成吉思汗的不满。他决定处理阔阔出，但是因为阔阔出是萨满教领袖，所以必须非常谨慎。阔阔出的父亲蒙力克早年曾对成吉思汗全家有抚育救助之恩，成吉思汗念及旧情，只处死首恶阔阔出一人，没有追究蒙力克的责任。为了使萨满教为大汗服务。成吉思汗委派亲信兀孙老人做萨满教首领，这样，既瓦解了危害汗权的阔阔出集团，又拉拢了教派势力，巩固了皇权。后来，阔阔出的兄弟脱栾仍然受到成吉思汗的重用，脱栾担任成吉思汗的近侍官，在征伐金国、花剌子模的战争中屡建功勋，发挥了重大作用。可以说，成吉思汗没有对争权夺利的阴谋集团进行满门抄斩、诛灭九族是非常开明的，这一点为刘邦、朱元璋等中原帝王所不及。如果他当初将阔阔出全家斩首的话，也就不会有后来的大将脱栾了。

正是因为成吉思汗对待将士如同手足，对待亲人至情至性，所以他的人格魅力焕发着英雄的光辉。他得到了将士的支持和帮助，得到了亲人的关怀和拥护，并预防了成为大汗后的兄弟反目和自相残杀，从整体上保持了部族的实力，形成了一股势不可当的强势力量。有了将士和亲人的帮助，成吉思汗的军队便具有了超强的战斗力，像雄鹰一样在草原上空翱翔。

成吉思汗在合并了札木合和王汗的部队，并打败了塔塔儿、泰赤乌等部后，他在蒙古草原上的统一之势就已经形成，竞争对手只剩下乃蛮等部落了。为了成为草原上的真正的霸主，成吉思汗决定攻打乃蛮，统一草原。

成吉思汗对王汗部族的速战速决在草原上产生了巨大的冲击，强大的克烈部在三天内被消灭殆尽，其他的部落无不心惊胆战。乃蛮部的太阳汗感觉到了巨大的压力，他知道自己必是成吉思汗的下一个目标。为了不坐以待毙，他决定联合汪古部共同出兵，两面夹击，一举击败成吉思汗！他对众人说："我要亲自带兵杀入蒙古人的地盘，不仅要把那漂亮的蒙古女人抓来，而且要把野蛮的蒙古男人的弓箭统统缴获过来！"

太阳汗当即派密使卓忽难前往汪古部，动员该部联合出兵攻打成吉思汗。

乃蛮部的可克薛兀·撒卜剌黑是位身经百战的老将军，反对首先开战。他认为太阳汗懦弱无能，只会放鹰狩猎，与众妃行乐，不可御驾亲征。但是，太阳汗不听老将军的建议，他觉得自己的势力强大，根本不把成吉思汗放在眼里。他在诸将面前夸下海口，但又没有明确的作战计划，使得一些人对他失去了信心。

当太阳汗的联络特使到达的时候，汪古部首领阿剌兀思剔吉忽里玩起了手段，他知道成吉思汗能够征服塔塔儿部和克烈部一定兵多将广，最终必定完成霸业。即使乃蛮部与汪古部合力攻击，也未必能打败成吉思汗，弄不好引火上身，玩火自焚。他决定倒向成吉思汗一边，表面上接受了联盟的要求，实际上却拒绝了太阳汗，还向成吉思汗泄露了太阳汗的出兵计划。

1204年春，成吉思汗率领部众在帖篾格原野上围猎，汪古部使者前来报告他，乃蛮太阳汗即将大举进攻。成吉思汗得到警报后，立即停止狩猎活动，与诸将商量如何对付太阳汗。大部分将领都认为现在是春天，马瘦，要等到秋天喂肥了马，才适合出兵，而成吉思汗的幼弟帖木格、异母弟别勒古台则认为不可因马瘦而贻误战机，应当及时出战，奋勇杀敌。成吉思汗了解乃蛮虽国土广大、百姓众多，但乃蛮太阳汗怯弱无能，国势虚弱，不难征服，于是采纳帖木格、别勒古台的意见，决定迎战太阳汗。

成吉思汗在客勒帖该合答山下的哈拉哈河畔举行了庄严的出征祭旗仪式。一面战旗挂在高高的旗杆上，迎风飘扬。乐队击鼓吹号，成吉思汗双手捧金剑，对着旗帜跪拜。全体将士凝视着旗上的九角狼牙和白色的牦牛尾，充满必胜的信心。乃蛮部也纠集了大批军队，浩浩荡荡向东方开进。从双方力量上来看，成吉思汗处于劣势。太阳汗心高气傲，以为胜券在握。双方在萨里川附近相遇，一场战略大决战即将开始。

在决定出战之后，成吉思汗进行了大量的军事部署，他首先把全军集结在客勒帖该合答山进行改编和整顿，成吉思汗没有按传统做法把战俘分给手下各贵族，而是对军队加以革新，建立千户制和护卫军。军队和部民统一编制，按照每十户、百户为一组的标准，建立起军民合一的编户制度，各级十户长、百户长、千户长由相应的贵族或者建立军功者担任。编户平时放牧生产，战争时候就是一个军事单位，出征作战。成吉思汗还选拔贵族子弟和身强体壮者组成护卫军，作为自己的贴身亲军，由成吉思汗亲自统率。这些贴身护卫被称为怯薛，是蒙古军队的精华，平时负责成吉思汗的警卫工作，征战时期则负责攻坚披锐，所向无敌、战无不胜。这样蒙古建立了统一的军事组织，有了一套统一管理、统一行动的机制，力量大大增强。

成吉思汗还向西部边界增派侦察小分队，加强警戒，同时加强情报工作，防止太阳汗突然发动进攻。当成吉思汗的部队与太阳汗的军队逐渐靠近，两军对垒时，成吉思汗的部将朵歹扯儿建议实施疑兵之计，迷惑太阳汗，然后乘乱进攻厮杀。对蒙古军队来说，现在不宜马上与敌交战，而应想办法避免与敌交战，最好的办法是用疑兵之计，阻止敌人提早发动进攻，眼下最要紧的是抓紧战前短暂的时间，休整人马，恢复体力，准备战斗。成吉思汗下令依计行事，迷惑敌军。

蒙古军故意挑选了一匹瘦马，把它放跑到乃蛮军中。战马上披有华丽的装饰，显示出这是一名将军的坐骑。乃蛮人看到蒙古将军的战马竟然如此之瘦，其军事装备必定十分简陋，轻视之心大增，一向骄傲的太阳汗更加不把成吉思汗放在眼里，叫嚣要亲自屠戮成吉思汗。

兵不厌诈。成吉思汗一面向敌人示弱，一面又制造兵多将广的假相，让敌人摸不清头脑。自己人少，为了壮大声势，成吉思汗命令手下四处出击，组织了几百人的小队伍四处放火，在黑夜中令每个人到处点火。一时间四处战火通红，太阳汗的哨兵一看敌人突然间大量增多，连忙报告，说蒙古人数众多，整个萨里川都布满了。太阳汗听后如同头上泼了一盆冷水。心里开始忐忑不安。

成吉思汗与诸将约定，这次进攻乃蛮军队，要求全军分进合击，机动灵活，从四面八方对敌进行包围；先头突击部队轮番冲击敌阵，达成突破后，长驱直入，直取敌军中军，全面冲垮敌军队形，里应外合，进行剿杀。成吉思汗这次运用的新战术确实势不可当。太阳汗的将士马上就领略到了这种战术的厉害。蒙古人因为组织得力，很快就冲乱了乃蛮人的阵形。太阳汗看到如狼似虎的蒙古士兵不由得心惊胆战，带着手下不断向山顶上收缩。

在十三翼战争中战败后投靠了太阳汗的札木合，就像上次在哈兰真沙陀之战前给王汗、桑昆帮倒忙一样，也给太阳汗帮倒忙。当蒙古军队排成进攻队形浩浩荡荡地冲杀过来时，他在本来就软弱动摇的太阳汗面前，极尽夸张之能事，逞敌人的威风，灭自己的志气。这更令太阳汗六神无主。札木合看到太阳汗懦弱无能，乃蛮必败，没有加入战斗，而是领着人先走了。

经过一天激烈的战斗，乃蛮军队大败。最后太阳汗伤重而死，他的妃子古儿别速被活捉，成了成吉思汗的妃子。乃蛮人和其他一些部族大部分投降，只有太阳汗之子屈出律带领少数人马逃走。

从此，成吉思汗已经成了草原的实际统治者，再也没有其他的部落可以同他抗衡。还有一些剩余的部落没有归附，这些已经无关大局了，成吉思汗终于成长为草原的霸主了！

第二节　斩尽杀绝

成吉思汗自出生开始就生活在一个弱肉强食的世界，生活的艰辛让他坚毅，从小背负的血海深仇使他坚定了复仇信念，不会放过任何一个置敌于死地的机会，也不会给任何人以东山再起的机会。他从小树立起了的信念就是：为了胜利者的安宁，需要战败者的死亡。这也注定了成吉思汗会对敌人进行残酷无情的打击。残酷的斗争现实培养了成吉思汗的性格——坚韧、自立，使他成为天生的统治者。他本来天生就是一个倔强、顽强的人，童年悲苦伤残、病态竞争的生活，更深深地培养了他的这种性格。

成吉思汗在三餐不继的动荡中艰辛地度过童年，家族仇恨不断在他灵魂中滋长：祖父、父亲死于金朝、塔塔儿的迫害；自己少年时遭到泰赤乌人的囚禁；乃至后来，自己的妻子又耻辱地被篾儿乞部掠夺而去……使得成年后获得威望的成吉思汗逐渐兴起征讨之兵。复仇和掠夺的目标支撑着他不断战斗，直到成为走向世界的征服者。

成吉思汗对待敌人、叛逆者是残酷无情的。他曾经派人长途跋涉追赶他的敌人——曾经的义父王汗，直至王汗死于乃蛮人之手；他曾经看着他的敌人——儿时的安答札木合，被杀死在帐外。从某种意义上来说，成吉思汗统一大漠的过程就是一部充满血腥的复仇史。

成吉思汗早年的苦难使他养成了残酷、冷静的性格。十几岁的他曾经多次遭到泰赤乌部、蔑儿乞部的追杀，在他幼年的心里深深地埋下了仇恨的种子。当他成长起来，复仇心理越来越强烈，促使他在统一和征讨的时候采取了大肆屠杀的极端措施。对于敌对势力，特别是其首领，成吉思汗有着一种刻骨铭心的仇恨，必欲置之死地而后快。看一看几位主要对手的下场，就知道他的手段。

1196年，成吉思汗随王汗出兵助金攻打塔塔儿部落时，征召蒙古乞颜分部主儿勤部出兵助战，向杀害祖先的世仇塔塔儿人报仇雪恨，主儿勤部首领撒察儿别乞、泰出不仅不听号令，而且趁成吉思汗率军出征时，劫掠了他的家属辎重。从不容忍姑息背叛的成吉思汗在战胜塔塔儿部回师后，立即讨伐主儿勤部，擒获并斩杀撒察儿别乞、泰出，吞并他们的领土。主儿勤部勇士不里孛阔曾助纣为虐，在宴会上砍伤别勒古台，尽管成吉思汗以惜才著称，仍然没有对不里孛阔这个号称“国之力士”的人才手下留情，命他与别勒古台比赛摔跤时趁机将其处死。

1202年，成吉思汗歼灭世仇塔塔儿诸部，掳获其所有部众后，将妇女、儿童分给各家做奴婢，其余所有男子一律斩杀。

1202年秋，阙亦坛之战后，成吉思汗乘胜追击多年与他为敌的泰赤乌部，一举消灭了该部，并吞了其部众，并将该部首领阿兀出把阿秃儿、豁敦斡儿长、忽都兀答儿等人和他们的子孙们尽数斩杀。

1203年，成吉思汗征服克烈部后，曾随桑昆逃走的马夫遗弃桑昆来降，成吉思汗因其没有信用，命人将其斩杀。

1204年，成吉思汗征服乃蛮部太阳汗后，将背叛成吉思汗投奔太阳汗的乞颜氏贵族阿勒坛（成吉思汗的堂叔）、忽察儿（成吉思汗的堂兄）处死。

太阳汗被杀后，札木合逃了出来，被成吉思汗大军追击，走投无路。途中被随同逃出的五个那可儿擒住，押送到成吉思汗处。成吉思汗不但杀了自己这位结拜弟兄，而且连这五个出卖旧主的人也一同杀死。

到成吉思汗正式建国，他还有几个对手在四处奔逃。成吉思汗没有忘记他们，他最关注的，仍旧是夙敌蔑儿乞部。蔑儿乞部在他的多次沉重打击下，早已不是原来以凶悍著称的草原之狼，而是成了到处流浪的草寇。他们先后和札木合、王汗、太阳汗结过盟，走到哪里，成吉思汗的兵锋就指向哪里。当成吉思汗和太阳汗激战的时候，篾儿乞首领脱脱和他的儿子们乘乱逃脱。成吉思汗收服了乃蛮部众后，立即率军追击，在合剌答勒忽札儿一带追到脱脱。脱脱拼死抵抗，终究敌不过乘胜之师，又退到萨里川，在那里再次被打败，大部分部众都成了成吉思汗的俘虏。脱脱带着儿子们和少数士兵逃往乃蛮部不欲鲁汗处，太阳汗之子屈出律也投奔到那里。

经过几次战斗，篾儿乞残部基本上被消灭了，其所属的兀都亦惕篾儿乞、麦古丹、脱脱里、掌斤等部也都被成吉思汗吞并。脱脱之子忽秃的两个妻子秃该、脱列哥那也被捉获，成吉思汗把脱列哥那给了第三子窝阔台为妻，后来被称为乃马真皇后。篾儿乞部的一个分支兀洼思篾儿乞的首领答亦儿兀孙看到大势已去，便带着自己的女儿忽兰向成吉思汗投降。成吉思汗非常喜欢忽兰，对她宠爱有加，让她做了第二夫人，仅次于孛儿帖。答亦儿兀孙也因此受到尊重。但他没有死心，在取得了成吉思汗的信任后，便率领篾儿乞人发动了叛乱，抢夺了辎重。成吉思汗大怒，派大将博尔忽和沉白前去讨伐。杀死了答亦儿兀孙，把蔑儿乞人一部分杀死，剩余的全都分配给蒙古人当了奴隶。

蔑儿乞部的首领脱脱等还没有落网，成吉思汗还是不放心。他得知脱脱、屈出律在不欲鲁汗那里的时候，立即指挥大军发动进攻，速度之快，出乎了他们的意料，以至于成吉思汗的大军逼近时，他们还在莎合水一带游猎。在铁骑践踏之下，仓猝间来不及准备的乃蛮人被一举歼灭，不欲鲁汗被杀，乃蛮部灭亡。屈出律和脱脱等人再次逃脱，躲到也儿的石河一带。

1208年，成吉思汗以斡亦剌部首领忽都合别乞为向导，发兵进击。当时屈出律等正在整顿军马，被蒙古大军突然包围。战斗中，脱脱被乱箭射死，其子忽秃、赤剌温来不及掩埋他的尸体，仓猝间割下他的头颅逃走，逃到畏兀儿地区。屈出律则逃到西辽境内。乃蛮和篾儿乞的残兵四散溃逃，大部分战死，只有少数人逃脱。

忽秃、赤剌温等人来到畏兀儿地区，企图从这里寻得援助。他们派了一个叫别干的使者去见畏兀儿首领巴而术阿而忒的斤，但巴而术阿而忒的斤已经知道他们是被成吉思汗打败的流寇，便毫不犹豫地杀死了使者别干。双方展开大战，忽秃、赤剌温大败，无以立足，只好再次逃亡。他们来到一处山势险峻的地方，在这里重新集合队伍，企图东山再起。

尽管此时蔑儿乞部已经不足为虑，但成吉思汗还是时刻没有忘记自己的夙敌，一定要彻底消灭他们。他不断派人探听他们的去向，到1216年，才得到他们的确切消息。为了斩尽杀绝，成吉思汗决定派得力大将前往征讨。他召集诸将商议，问道："谁能为我去征篾儿乞？"大将速不台主动请缨，成吉思汗对他敢于涉险征敌的勇气非常欣赏，当即任命他为主将。因为篾儿乞人躲藏在崇山峻岭之中，成吉思汗令速不台制造了许多大车，以铁钉钉牢，使大车在石头中间行走也不致很快损坏。当第二年速不台率大军出发临行的时候，成吉思汗向速不台下达了必胜的命令，他说道："可恶的脱脱的逆子们，他们像带上套马竿的野马，像中箭受伤的鹿，仓皇地逃跑了。他们要是生出翅膀，飞上青天，英勇的速不台，你要变成海东青把他们捉来！他们要是变成土拨鼠，钻进洞里，英勇的速不台，你要变成铁锹把他们挖出来！他们要是变成游鱼，游进宽广的大海，英勇的速不台，你要变成渔网把他们捞上来！"

成吉思汗认真地嘱咐速不台说："你翻山越岭，横渡大河去消灭仇敌篾儿乞，一路上要爱惜战马，节省给养。如果马匹损伤了，后悔也来不及了，给养不够了，节省也晚了。你要走的路上，必然有很多野兽，不可只顾捕猎野兽而耽误了行军。为了补充给养，只能适当地进行狩猎。平时行军，要让军士把鞍鞘脱去，马辔也要摘掉，这样才能爱护战马和战士。如有人违反这个命令，他如果是我的熟人，你就把他送回来，他如果是我不认识的人，便将他就地斩首！我们虽然远隔千山万水，意志必须统一。赖长生天的保佑，你捉获了脱脱的逆子之后，不必解送到我这里，就地杀了他们！”

最后，成吉思汗对速不台说：“我命令你远征，是因为在我幼小的时候，篾儿乞人欺侮我，将我包围在不儿罕山上。现在他们逃往他方，哪怕是登天入地，也要打造铁车，追捕报仇！你虽然远离了，仍如在我身边；你虽然远去了，仍如在我眼前。上天会佑护我们！”

速不台率军西征，为了麻痹敌人，他派部下阿里出带领一小股人先行侦察，带上婴儿的用具，夜宿之后就扔到地上，装扮成携家而逃的样子。篾儿乞人果然上当，以为他们是一群逃亡的百姓，因此未加提防。速不台的大军很快逼近，大获全胜，忽秃、赤剌温兄弟被杀，其余部众也都被杀死，只有脱脱的一个小儿子篾儿干幸免于难，他被当做俘虏送到了成吉思汗的长子术赤那里。

篾儿干是个神射手，术赤非常喜欢他，就派使者到成吉思汗那里，请求饶恕篾儿干，让他为自己效力。成吉思汗也是个爱才如命的君主，但考虑再三，还是毅然拒绝了术赤的请求。他派人答复说：“再也没有比篾儿乞部更坏的部落了。我们同他们打过多少次仗？我们受过他们多少次骚扰？怎么能留他活着，让他重新掀起叛乱！我已经为你们争得了这么多地区、军队和部落，区区篾儿干算得了什么？对于国家的敌人来说，没有比坟墓更好的地方了！”术赤无奈，只好下令处死蔑儿干。到此为止，经过十几年的苦苦追杀，蔑儿乞部被全部消灭了。

屈出律的下场也好不到哪里。1208年的石河之战中，他再次逃脱，经过别什八里来到苦叉，在苦叉群山中躲避蒙古追兵，挨冻受饿，部下纷纷离去。他只好继续逃跑，一直到西辽境内。当时的西辽在懦弱的直鲁古统治之下。屈出律前来投靠，用花言巧语获得了直鲁古的欢心，直鲁古把女儿许配给他，对他非常宠信。但屈出律野心勃勃，时刻等待机会。当花剌子模王摩诃末打算进攻西辽的时候，屈出律就主动勾结他，阴谋内外夹击，推翻直鲁古。随着势力的壮大，最后揭下了自己的假面具，向直鲁古进军。双方经过几次激战，直鲁古兵败，屈出律夺得了王位，四处扩张，成为西域群雄之一。

1213年，成吉思汗得到了屈出律的消息，立即派大军征讨。屈出律众叛亲离，被活捉处死。

中国古代的兵法讲究的是“穷寇莫追”，成吉思汗却恰恰相反，对于敌人，他如果不从肉体上消灭，是绝对不罢手的。在他的追杀之下，一个个夙敌倒下，一片片疆土被开拓出来。其实，这正是成吉思汗的高明之处。他的这种战略是最适应草原战争的战略。草原民族如星星之火，只要留下火种，就会重新燃起。成吉思汗采用了除恶务尽的做法，使蒙古族成了大草原的终结者。13世纪以后，除了蒙古族，东亚大草原上就再也没有强大的民族崛起了。

消灭对手，是保护自己的最佳手段。在成吉思汗面前，没有一个敌人能够逃脱，因为他知道，给敌人多一丝喘息之机，就给自己留下无穷祸患。因此不管敌人逃到哪里，他的大军都会紧追不舍。“对于国家的敌人来说，没有比坟墓更好的地方了”。他的这句名言，显露出了他果断、狠戾的性格特点。正是这种性格，给他的对手以及很多地区的百姓带来了灭顶之灾，也是这种性格，帮助他在逆境中崛起，彻底地消灭了一个个强敌，在极短的时间内统一了草原，建立了人类历史上最大的帝国。

胆识超群的智者必然不把别人放在眼里，技压群雄的英雄必定会担心别人的觊觎。成吉思汗雄才大略的背后，也展示出了他多疑、猜忌的一面。他能够通过一个小小的表现判断出妃子的心事，消灭他的情敌。然而过犹不及，有时候他过于敏感的嗅觉也会走调，祸及臣民甚至身边亲人。成吉思汗的长子术赤英勇过人，对成吉思汗忠心耿耿，但成吉思汗仍会对他起猜疑之心。有一次术赤受命远征，不料中途生病，在成吉思汗过寿辰的时候没有及时赶回，成吉思汗竟然勃然大怒，以为术赤暗存私心，一怒之下竟然调动大军征讨，术赤闻讯后卸掉武器，一个人骑马前来谢罪，说明真相，成吉思汗才作罢。

成吉思汗打败了塔塔儿部后，俘虏了两个颇有姿色的公主，就把她们占为己有，做了自己的侧妃。在一次喝酒的时候，他发现一个妃子眉目紧缩，面部表情忧郁，心里不仅生起了疑惑。又过了一会儿，成吉思汗听到这名妃子在背后深深叹息了一声，他立即警觉起来，拷问这名妃子为何踌躇叹息。经过详细调查，原来这个妃子早有情郎，并且此时潜伏在成吉思汗军中，想乘机拐走这个女子，只是现在还没有得手。成吉思汗马上命令将这个旧情不忘的男子抓起来，二话未说就将其处死。成吉思汗并没有惩罚他的妃子，反而待她更好。

成吉思汗不是那种儿女情长的醋坛子，但是同所有的男人一样，他在爱情上具有极强的排他性，具有极为强烈的占有欲，这种嫉妒猜忌的性格在成吉思汗处理对待宫闱事宜中表现得淋漓尽致。

成吉思汗有个宠妃叫忽兰，忽兰相貌生得非同一般，她是成吉思汗的敌对部落领袖答亦儿兀孙的女儿，有着尊贵的身份。答亦儿兀孙被成吉思汗打败后四处逃亡，他厌倦了这种颠沛流离的生活，就想把忽兰献给成吉思汗以换得荣华富贵。在交送女儿的途中，答亦儿兀孙在路上遇到了成吉思汗的一名战将纳牙阿。纳牙阿问明情由后，为表示对成吉思汗的忠心，决定亲自带答亦儿兀孙父女去见成吉思汗。纳牙阿说："现今道路不平，四处盗贼出没，你们父女俩如在路上遇到军队，恐怕会遭难，你女儿会受到污辱。你们留在我这里，由我护送你们去见大汗，岂不是更安全吗？"答亦儿兀孙满口答应。

于是父女俩在纳牙阿的帐幕里住了两天，之后由纳牙阿护送去见成吉思汗。没想到成吉思汗大怒，要杀死纳牙阿，说他不应该将这样美丽的姑娘留在帐幕里过夜。成吉思汗怀疑他占有了这个女子，要对他施以极刑。纳牙阿力辩自己忠心耿耿，没有做对不起大汗的事，忽兰也为他求情，成吉思汗才暂时留下纳牙阿。待与忽兰同床发现她仍是处女，才将纳牙阿放掉。成吉思汗对忽兰宠爱有加，在远征河中地区、西夏时，竟只有她一人有幸陪伴。至于纳牙阿，成吉思汗则若无其事地对他说："你是我的好兄弟，以后你放心好了，我不会再怀疑你，我们会共享荣华富贵的！"

成吉思汗的谨慎多疑，只要稍有些风吹草动，他都要追根究底。"卧榻之旁，岂容他人安睡"，这不止只是体现在成吉思汗对待身边的那些女人身上，在他身边的大臣战将们也是为人处世小心谨慎，终日惶惶，唯恐一不小心就会出错。在对潜在的敌人的斗争中，成吉思汗绝不允许出半点纰漏。

成吉思汗始终坚信：欲成大事，必须谨慎！他派察合台去镇守中亚之前，成吉思汗让博尔术给察合台传授经验，博尔术说："人经过艰难困苦的斗争才能够获得丰厚的回报、良好的土地，绝对不能安闲自在、逍遥度日，时刻剑在鞘头，准备出击。"成吉思汗连连点头称赞，并嘱咐察合台牢记在心。有一次他的亲信大将哲别追敌获胜，遣人报捷，成吉思汗派人告诫他说：绝对不能因为胜利而骄傲，要知道，王汗、太阳汗等人都是因为骄傲而失败的。

有时大臣一些无意的行为表现，成吉思汗会误解为对自己怀有敌意，没有足够证据就怀疑他们背叛自己，对自己进行欺骗、暗算、伤害、要弄阴谋诡计，有的时候甚至把一些善意曲解为恶意，做出错误的决定，以致与人隔阂，严重时还会反目成仇。

成吉思汗对自己的儿子也心存戒心。西征的时候，术赤、察合台、窝阔台攻占了花剌子模的首都玉龙杰赤城。三兄弟瓜分了城里的金银珠宝，没有留给父王。班师回国后，成吉思汗恼怒这件事，接连几天不见三个儿子。大将博尔术劝成吉思汗说："出征的目的在于打败敌人，三位王子正是完成了这个任务啊！况且他们是大汗的儿子，把财物交给大汗同交给大汗的儿子，难道有什么区别吗？现在术赤他们做错了事，心里很害怕，以后一定会小心谨慎的，请准许他们谒见罢！"

成吉思汗这才转变态度，命令三个儿子前来认罪，他引述祖言古语，将三人重重责骂了一番。术赤、察合台、窝阔台三人汗流浃背，又是害怕，又是惭愧。只有当儿子们表示"从日出的地方到日落的地方，敌人还很多，我们必定去为父汗平定"时，成吉思汗才怒气平息，原谅了三个儿子。

成吉思汗是一代枭雄，他既有成就大业的气势和气魄，却也有无情多疑的一面。他的宽容和重才使他的军队中人才济济、英才辈出，而他的无情和赶尽杀绝则让他的对手闻风丧胆。他的无情和多疑维护了他的集权和统治，也从不同程度上削弱了他的实力和威信。但是，成吉思汗的雄心和气势为草原人所臣服，他的缺点也瑕不掩瑜，他依然凭借着英勇和强盛的战斗力称霸草原，建造了自己的帝国。

第三节　帝国制度

成吉思汗用了二十多年的时间，完成了蒙古的统一，建立了一个真正意义上的国家——蒙古帝国！但是，国家虽然已经建立，要对还未从奴隶社会走出的蒙古人进行封建统治，建立职能完备的封建国家，无疑是个极具挑战性的课题。成吉思汗之前，蒙古从来没有统一过，更没有建立起过国家制度，在没有任何历史经验可以借鉴的条件下，成吉思汗开创性地制定了一整套的国家制度，把国家纳入了正常运转的轨道。

成吉思汗的成就首先表现在军事方面。他依靠军队起家，因此对军队的建设特别关心。1204年，刚刚起步的成吉思汗把自己的全部部众编组为十户、百户、千户，初步建立了千户制度，用统一的组织来管理军队。千户组织是蒙古国的地方行政组织，也是经济组织和军事组织，是三位一体的基本组织，随着蒙古国的建立和发展，成吉思汗及后人进一步对千户制度进行完善发展，逐步成为蒙古国政治体制的最根本制度。

为了加强自我防卫，对内保护大汗的安全，对外进行侵略征战，成吉思汗建立了护卫军——怯薛。怯薛就是大汗的亲军，由蒙古的世家贵族子弟和忠诚精壮者组成，是蒙古军队的精华之所在。随着蒙古领土的不断扩展，怯薛的阵容也日渐庞大，成吉思汗最后确定怯薛的人数定额为一万人，其中有一千名弓箭手，一千名宿卫军，八千名散班。这些人都担负着同样一个任务，就是保卫成吉思汗的安全，按照大汗的意志处理各种事务。成吉思汗四个亲信手下，博尔忽、博尔术、赤老温、木华黎被任命为世袭的怯薛队长。怯薛军虽然人数有限，但是他们对成吉思汗忠心耿耿，作战能力强、武器装备精良，是大汗的御用亲军。成吉思汗深谙帝王之术，怯薛不仅是他对外征服的一把利剑，也是对内统治的政治平衡木，他手握重兵，指挥自如，才能坐稳江山。

成吉思汗终生征战，以武力夺取政权，建立政权，可以说完全是马上得天下。但是他很清楚地看到可以马上得天下，但不能马上治天下，所以在领土不断扩大的同时，他也在不断地进行着维护和巩固政权的斗争。

领户分封制是蒙古汗国和元朝立国的最基本的国家体制。成吉思汗统一蒙古之后，为了巩固统治，打破了原来的牧民组织氏族制形式，实行领户分封制。这是一种政治、军事与生产合一的组织制度，它把全国的牧民按地区划分，每一地区按十户、百户、千户、万户编制，各设“长”以统领之。万户长和千户长由成吉思汗亲自分封，直接统领。

蒙古兴起以前，成吉思汗刚刚开始打天下的时候，他就向手下的弟兄们许愿说：“如果我夺取了天下，我们就各分土地，共享富贵。”在蒙古国建立的过程中，成吉思汗不断夺取土地，他践行了自己的诺言，逐步实行了“忽必—莎余儿合勒”分封制度。

“忽必—莎余儿合勒”是一个蒙古语词，“忽必”是“分子”的意思，“莎余儿合勒”是“恩赐”的意思。按照蒙古族古老的传统，每个儿子都有权分得父亲的一份遗产，这就是“忽必”。成吉思汗把刚刚建立的蒙古汗国看做是属于他父亲也速该家族的，凡是也速该的子孙都有权分得一份。成吉思汗首先给自己的母亲、弟弟和儿子分了人户，也速该的其他直系亲属也每人分了几千户。在蒙古语中，成吉思汗的弟兄和儿子分得一份人户被称作“可卜温”，即汉语中“宗王”的意思。

成吉思汗建立了自己的直辖领地，他把自己的大营建在斡难河、怯绿连河上游和斡耳罕河流域一带，这些地区水草丰美，适合放牧，又是蒙古乞颜部的发源地，是蒙古立国的本部。随着战争的不断深入进行，成吉思汗夺得了大片的领土，他陆陆续续又划分了诸王所占的地域。后来元史上所谓的左翼诸王和右翼诸王，就是在这一时期形成的。成吉思汗把自己大营以东的地方分封给了弟辈，形成了左翼诸王：别勒古台领有斡难河、怯绿连河中游；合赤温领有金边墙外的北接别勒古台分地，东至合剌温山，南抵胡卢忽儿河的兀鲁灰河和合兰真沙陀；合撒儿领有也里古纳河、海剌儿河和阔连海子一带；斡赤斤领有大兴安岭以东，一直延至嫩江、松花江一带。成吉思汗把自己大营以西的疆土分封给了子辈，形成右翼诸王：长子术赤领有也儿的石河以西，咸海、里海以北，向西马蹄所至之处；二子察合台领有别失八里以西至阿姆河一带的广大地区；三子窝阔台领有叶迷立河流域和按台山一带；依照幼子享受产业的传统习俗，拖雷承袭成吉思汗的营地，领有蒙古本部。

诸王受封，不但土地归他们所有，土地上生活的人民也归他们所有。这样，诸王的“忽必”就包括了人户和封地两个内容，被称作“兀鲁思”。“兀鲁思”是一个古老的蒙古语词，它最初的意思是指“人民”，后来逐渐有了“人民——分地”、“人民——国家”的涵义。这个词的词义的变化正好反映了成吉思汗刚刚建国时期蒙古国分封制的发展过程。

只分封土地是不够的，还要建立各地的长官“那颜”。成吉思汗建国初期，共任命了九十五个千户那颜，这就是“莎余儿合勒”——恩赐。“莎余儿合勒”是从成吉思汗和他的那可儿之间的主从关系中发展出来的，那可儿追随成吉思汗四处作战，为开疆建国立下了功勋，对于有功的那可儿，成吉思汗任命为千户长，以示酬谢。除了立有军功的那可儿之外，“莎余儿合勒”也给予主动归顺的部落首领，以示安抚。通过这种恩赐而形成的千户，基本上会保存原来的氏族血缘关系。由于长年战争，各个部落的人数都有减少，许多千户就四处收集暂时没有归属的人户，或从其他部落抽出部分人户重新编组而成。

无论如何分封，大汗的权威是不可动摇的，他对于分给诸王的“忽必”和赐予千户长的“莎余儿合勒”都有最高的宗主权。但是，两者在名分和权位方面仍有一定的差别。诸王的“忽必”是独享的，大汗不能把它撤除。诸王有权在自己的兀鲁思内设置怯薛和政务机构，任命属官，审断案件，有权参加大汗召集的忽里勒台大会，商议国家大事。千户长的“莎余儿合勒”是从大汗手中领受的，大汗可以予以剥夺或重新赐予。千户长也可以参加忽里勒台大会，但是只有少数建有殊勋、地位较高的千户长才有发言权。千户长无权设置政务机构，所有事务由大汗设置的军事行政系统管理，官吏的任免权属于大汗，千户长无权过问。千户的内部结构都是一样的，千户之下，人户编组成百户和十户，设百户长和十户长。千户长、百户长和十户长对人户实行严格的控制。千户长仅有权在自己的“嫩秃黑”的范围内指定牧民在一定的地域内驻营和游牧，或者封禁一定的地域。在隶属关系上，千户长由诸王和万户管辖，他们的权位要比诸王和万户低。

早先蒙古按照血缘关系划分部落，成吉思汗崛起之后，这种血缘氏族关系被陆续打破了。从千户的成员组成情况来看，大部分千户是由不同部落的人混合组成的。经过多年的战争，原始社会晚期的部落氏族组织进一步瓦解。原先人数众多的大部落，如塔塔儿、克烈、乃蛮、蔑儿乞、泰赤乌等部落，被成吉思汗战败后，其部众除了被杀死的，都被分给了成吉思汗的部将、那可儿们。成吉思汗的部将们还各自收集了不少散亡的百姓组成千户管理。还有一些为成吉思汗忠心效劳，但没有在战争中掳获百姓的那可儿，成吉思汗也准许他们收集散亡的百姓组成千户管理。只有一小部分千户是由原来同部落的人组成的。例如汪古部主阿剌兀思剔吉忽里管领汪古部人五千户，亦乞列思部人孛秃驸马管领亦乞列思部人二千户等，经过成吉思汗的批准，他们可以任命亲族为千户长。此外，归顺成吉思汗的斡亦剌部主忽都合别乞也管领其本部四千户，多年为成吉思汗忠心效力的一些尼伦蒙古部落的氏族贵族或其后裔，也准许管领其本部百姓，他们都有权自己指派各千户长。

总之，千户组织是蒙古国的经济、行政、军事三位一体、军政合一的基本组织制度。千户制度是蒙古国统治体制中的最基本的制度。

首先，千户是经济组织。按千户分配各部落、贵族、牧民的活动范围，以十户、百户、千户为单位进行放牧和狩猎。“每一个首领都知道自己管理人数的多少，都清楚自己牧地的界限，春、夏、秋、冬四季轮回，他们知晓应该在何处放牧，把牛羊养的膘肥体壮”。千户长“掌管着隶属于他的百姓，分配良好的牧地，随意指挥他们游牧”。所有牧民都应在本管千户内落下户籍，负担徭役征发。《蒙古秘史》中记载：

“其赋敛，谓之差发，视民户之多寡而征之……其民户皆出牛马、车仗、人夫、羊肉、马奶，为差发。”

除了国家所征收的赋税之外，诸王、贵族也常向牧民征收财物。阿拉伯史学家在蒙古人入侵后，长期观察蒙古的经济制度，他们写道：“鞑靼皇帝和首领们可以随意取用臣民的财产，想取什么就取什么，想取多少就取多少，甚至他们的人身也完全受大汗与贵族们随心所欲的支配。”因此，与其说蒙古牧民是放牧自己的畜群，不如说他们是放牧他人的畜群。总之，分配牧场，组织放牧和狩猎，征派赋税徭役，乃至诸王、贵族的任意需索，都是通过千户这种基本经济组织进行的，千户构成了蒙古的基本经济单位。

其次，千户是蒙古的基本行政单位。建立千户后，全蒙古百姓被纳入严密的行政组织中，由大汗委任的那颜世袭管理。俄国史学家符拉基米尔佐夫指出：“百户长、千户长、万户长的职衔是世袭的，带有这种职衔的人获得那颜这一共同的称号，即官人、领主、军事领主的意思。人民按十户、百户、千户来划分，分给十户长、百户长和千户长，登入特制的簿册中的。”千户构成了蒙古政权的地方行政单位。

蒙古的行政统治是相当严格的，曾访问蒙古的教皇使者普兰诺·加宾尼记载：

“除了蒙古大汗指定的地方外，没有人敢驻扎在其他地方。蒙古大汗亲自指定王公万户们驻扎的地方，王公万户们指定千户长驻扎的地方，千户长指定百户长驻扎的地方，百户长指定十户长驻扎的地方，以此类推，各千户所管辖的百姓，不准变动。”

为了加强统治，防止划分好的千户发生变动，成吉思汗颁布的扎撒法令明确规定，牧民从一个十户、百户、千户不得转移到另一个十户、百户、千户中去，也不得到别的地方寻求保护。否则，违反者和收容者都必须被处斩。

千户长们还掌握着地方行政权和司法裁判权。蒙古那颜在其千户、百户内俨然是一个专制君主，依照成吉思汗颁布的扎撒和蒙古习惯法对人民进行审判，一切审判事件，都由那颜千户长来裁决。

再次，千户又是基本的军事单位。成吉思汗被推举为大汗时，建立了八十九个千人队，到他晚年时期，千人队的数目达到一百二十八个。千人队是层层隶属的军事组织，其下辖有百人队，百人队下辖有十人队。全部千人队归左、中、右三大万人队管辖。作为行政长官的各级那颜千户长、百户长，同时也是管理军队的各级军事长官。蒙古国全民皆兵，除老弱病残外，每家凡是十五岁至七十岁的男子，不论多少，都要服兵役，随时听从命令，由千户长组成千人队，率领出征。蒙古牧民成年男子战时是军人，平时仍是牧民，“上马则备战斗，下马则屯聚收养”。

各级那颜十户长、百户长、千户长等，是居于蒙古牧民之上的统治者，他们是蒙古大汗封的世袭的军事封建领主，在其管辖的范围内，掌握着分配牧场、组织放牧狩猎、征收赋税、分配徭役和统领军队等权力，享有行政、司法、民事、军事等大权，高级那颜还可以参与选举大汗、商议国事和管理朝政。大汗的赏赐，战争中的掳掠，使各级那颜拥有大量牲畜、财物和奴婢，建立了特殊功勋的那颜，还被授予各种特权，成为蒙古牧民头上作威作福的特权阶层。那些对成吉思汗有救命之恩的人，如乞失里黑、锁儿罕失刺、巴歹等人，被封为“答剌罕”，意思是可获自由自在享受权益的人，他们被大汗特别免除了贡纳义务，作战时掳掠财物、围猎时杀死野兽都可以自己留下，他们还可自由选择牧地，随时去见大汗，享有九次犯罪不受惩罚的特权。大汗举行宴会时，“答剌罕”享受同宗王一样的待遇，可见其地位之高。

蒙古社会原有的父权制人身隶属关系，在成吉思汗发动大规模战争、统一蒙古的新的历史条件下发展，形成了独具特色的蒙古国家的基本国家制度。按北方游牧民族传统的十进位制，全部人户都被编入十户、百户和千户，千户是这种分封的基本单位，人户隶属于各个千户长，人身隶属关系构成了这个制度的基础。分封关系打破了蒙古传统的血缘氏族关系，蒙古脱离了原始社会组织，进入了阶级社会——早期的游牧封建社会时期。父权的军事分封仍是这个社会的主要特征，包括大汗、诸王、贵族、千户长那颜和由原来氏族的兀鲁黑、门户奴隶、奴隶演变而来的哈阑是这个社会的两个基本的对立阶级。

成吉思汗常常利用联姻关系化敌为友，巩固同盟。因此，当他进行分封的时候，受分封的还有很多姻族。翁吉剌部、亦乞列思部、汪古部、斡亦剌部等部贵族功臣都受封。姻族领有本部军队和百姓，有自己任命千户长的权力，这些贵戚也形成了几个半独立性的藩部。功臣的分封，要比贵戚低些。但不论贵戚还是功臣，都不能与“黄金家族”等量齐观。土地虽然实行分封，但所有领地都是归大汗所有，为大汗直辖，受封的贵戚和功臣都称为“投下”。最亲信的那可儿博尔忽、木华黎、赤老温、博尔术、哲别、忽必来、速不台、者勒蔑、术赤台和畏答儿被时人称为“十投下”。

成吉思汗按照自己的需要，把部民和被征服者编入各千户组织，使往昔彼此对立的、互不统属的部落、氏族瓦解，建立起全国整齐划一的政治军事组织，全蒙古草原的百姓都服从大汗的唯一统治，成吉思汗建立起了中央集权的蒙古国家。成吉思汗的创举不仅维护了自己的统治，而且确立了蒙古及随后的元朝的国家制度。

建国初期，统治蒙古各部的法律就是习惯法。成吉思汗发现世风日下，他是这样描述的：“先是窃盗奸通之事甚多。子不从父教，弟不从兄教，夫疑其妻，妻忤其夫，富不济贫，下不敬上，而盗贼无罚，然至我统一此种民族于我治下以后，我首先着手之事，则在使之有秩序及正义。”所以在成吉思汗登上汗位之际，为了加强大汗的权力，巩固自己的统治，即颁行《大扎撒》法典，以法治事。他利用当时社会中一些对巩固新兴帝国秩序有利的习惯法，把它们制定成法律，强制人们遵守。

成吉思汗对于当时社会中所存在的主要问题，采取了他认为可行的策略。他废除了蒙古各族一直奉行、在他们当中得到承认的陋习，制定了值得称赞的法规。他针对每个场合，每种情况，每项罪行都制定了相关的法令，律文和刑法，并且将这些扎撒、律令记录在卷帛上，称为扎撒大典。成吉思汗将其颁布于大汗统治下的蒙古各地，具有最高的法律效力。

整个蒙古国都要以这个大典来治理。每逢国家大事，诸王那颜集合，都把扎撒拿出来敬读。扎撒规定：对于杀人、抢劫、偷盗、强奸、鸡奸、巫蛊之术害人者都要处以死刑。而成吉思汗认为草地是蒙古人的根源，因此他在大扎撒中严格规定了对于草原保护的法令，如不准在草地挖坑、不准焚烧草地、不准向草地泼洒秽物等等。

成吉思汗还建立了司法行政机构，任命了蒙古的最高断事官。“惩治盗贼和欺骗者，该惩办的惩办，该处死的处死”。但是他也强调要执法公道、慎重，避免滥施惩罚，罚不当罪。

成吉思汗还贯彻教育和惩办相结合，以教育为主的方针。他说：“初次违反者，可以口头教育。第二次再犯，可以按必里克处罚，若是第三次违反者，可以将他们流放。如果他还是不改正的话，就判他戴上镣铐送进监狱。如果从监狱里出来学好了行为准则，那就较好了。否则就让全体远近宗族一起开会研究，来决定如何处理他。”

成吉思汗制定的法律，是以保护当时已经形成的私有制为主旨的，也是套在劳动人民身上的枷锁。扎撒上记载：“其于第三次丧失他人寄托之财货者，其收留逃奴或拾物者，其在战中拾得衣物或兵械而不归还其主者并处死刑。”然而在当时这也不是坏事，因为私有制正是从原始社会末期向阶级社会过渡时的一种必然发生的进步的现象。因此成吉思汗的法律，在当时还是符合蒙古社会进步的发展要求的。当然扎撒只是一种较为原始的法律形式。内容从饮水吃肉到处置俘虏无所不包，如：吃野兽时，应先缚住兽的四肢，然后开腹，以手握兽心，然后吃兽肉。

成吉思汗时蒙古国官制非常简略，朝廷政务由成吉思汗宗亲、诸将、近臣商议决定，由其近侍、护卫士协助办理，地方行政由各级那颜处理，只设有断事官为专职行政官，掌管全蒙古国分配民户、刑狱等政务，后在各支宗王封地中也设有断事官。

到了成吉思汗统治后期，在其统治领域里，蒙古人对他以及他们各自的主人非常服从，绝不欺骗他们，不私斗，没有杀伤事件，没有盗窃和抢劫，所以天幕和篷车上的财物不用上锁也不会丢失。这些良好的社会风气，当然同蒙古当时还保留了许多原始社会的遗习有关，不能完全归功于成吉思汗个人，但我们也不能抹杀成吉思汗在其中的作用。

成吉思汗及其以后的蒙古大汗，除保留或选任被征服国本国统治者实施统治外，还派出蒙古国达鲁花赤率领军队对征服国以“太上皇”的姿态实行监督统治，监收贡税。这些被征服国的统治者们和其他人都被迫服从这些达鲁花赤的命令。如果被征服的任何城市或国家的居民不遵照这些达鲁花赤的意志去做，后者就控告他们不忠于蒙古人，那个城市或国家就会被蒙古人的强大部队所破坏，居民们被杀死。

蒙古入主中原，是蒙古军事贵族征服者的胜利，但先进的汉族文化包围着征服者，使蒙古很快封建化了，蒙古统治者也开始注意吸收汉族的经验。忽必烈从小驰骋军中，非常喜欢接近汉族人或汉化金人，向“四方文学之士问以治道”，在他统治期间蒙古国进一步汉化。

为适应统治新征服地区广大汉族人民，以及建立大一统的蒙汉大地主阶级联合专政封建国家的需要，忽必烈汲取了前代的统治经验，采用了不少唐宋旧制。在元朝建立前的十多年，就制定了“循用金律”的方针，作为制定新法律的过渡。金律指泰和律，实际上是稍加修改的唐律，在忽必烈的统治下沿用了十多年，“百司断理狱讼，循用金律”。

至元八年（1271年），忽必烈改国号为大元，建立元朝，同年下诏禁行金律，参照唐宋律着手编纂法典。至元二十八年（1291年），《至元新格》编成，到英宗至治三年，元朝两部重要法典——《大元通制》

《元典章》制成。《大元通制》的内容全部收入《元史·刑法志》，法典由制诏、条格、断例、别类四部分组成，总结了世祖以来六十多年的法制事例，是皇帝诏令和案例的汇编，包括刑事、民事、行政、军事等方面内容。其篇目分为名例、卫禁、职制、军律、户婚、食货、大恶、奸非、盗贼、诈伪、诉讼、斗殴、杀伤、捕亡、禁令、杂犯、恤刑、平反、狱官、赋役、仓库等二十七目。其编排体例虽与唐律有异，但其中很多篇目与唐律相同，受唐律的影响是毫无异议的。另外，在法典编纂时还吸收了唐宋以来编纂刑统与编敕成例的经验，将皇帝的诏令和案例分门别类地加以汇编，是对中原地区法律形式和立法传统的继承和发展。在内容上，《名例律》所规定的“十恶”“五服”“八议”等制度与唐宋法律亦别无二致。

元朝虽然是蒙古族居于统治地位，但作为中国封建社会的一个王朝，它的法律制度却继承了中华法系“礼法结合”这个基本特点。

与中原地区的文化事业相比，蒙古非常落后，不但没有自己的文字，更没有记录事件、吟诗作赋的传统。成吉思汗征战一生，建立了史无前例的丰功伟绩，他自己却从来没有留下文字进行歌功颂德。但是，成吉思汗尽管不识文字，甚至不懂任何蒙古族以外的语言，他却善于学习外来的文化，重视教育事业。成吉思汗十分谦虚，不但善于学习异国统治术，而且勇于学习异国先进的思想文化，在这一点上，成吉思汗比中原任何一位帝王都有过之而无不及！

在武力征服的年代，谁拥有最强大的武力，谁就是最强有力的统治者。成吉思汗拥有最强大的军队，所以他就是最强大的统治者。但是成吉思汗从来不认为他所征服的人武力落后，就说明他们什么都是落后和不值得学习的。恰恰相反，他最善于从敌人或俘虏那里学习。在他手下负责教育诸子侄和大臣们的“太傅”中，绝大部分人都是降人或者俘虏，他所任命的大部分顾问，也是被他征服的民族中的知识分子或智者。如成吉思汗剿灭了乃蛮部后，俘获了乃蛮部太阳汗的掌玺官塔塔统阿。塔塔统阿精通文字，善于掌管辞令，成吉思汗就命他教给诸皇弟、皇子文化，还让他创制畏兀儿蒙古文，这种文字后来被广泛使用，经过长期演化成了现在通用的蒙文。成吉思汗不但重视对自己子弟的教育，还带头要求部下的文臣将官进行学习，以提高自身修养和治理国家的能力。由于他的提倡，蒙古人从野蛮逐渐养成了好学的风气。在这种风气的影响下，蒙古人在短短几十年里就学习了伊斯兰教文明和基督教文明，并对这些文化广泛接受，一跃跻身于文明民族之林。

人无远虑，必有近忧，成吉思汗同样也有“言而无文，行之不远”的认识，当蒙古文字创立后不久，他就命令手下记载帝国政事，“书之青册文书，传之子子孙孙”。在他的督促下，编成了《大扎撒》一书，可惜的是这些资料后来全部遗失，为后人进一步研究蒙古历史增加了困难。

与历史悠久、体系完备的汉民族国家相比，成吉思汗所建立的蒙古国家，政权体系显然是不健全的，成吉思汗也体会到了这种不足。为了使政权机构能够满足蒙古国日益向外扩张的需要，成吉思汗就必须不断完善国家政权机构，建立一个高效稳定的政权管理系统，为此，他不断地吸收外来先进经验，积极吸纳人才，使政权机构逐步完善。

走出大草原之后，南征与西征的对象都是文化上较为先进的国家，成吉思汗因此接触到一些先进的政治、经济与文化理念。对这些被他征服的民族，成吉思汗并不因为他们的惨败而嗤之以鼻，而是认真汲取他们的政治、文化经验，用这些先进的思想来完善自己的统治。在经济上，他受农耕文明的影响，改变了传统的以单一畜牧业为主的生产模式，引进了中原地区的农耕技术，并委派专人负责屯田和开荒。不仅丰富了人民的物质生活，更为重要的是为蒙古军队提供了稳定的粮食来源。为了战争的需要，成吉思汗在军事上借鉴了金国的做法，设立了专门主持监督制造各种兵器的机构，大大加强了武器的供给和保障能力，为战争的胜利提供了必要的后勤保障。

在文化方面，成吉思汗知道蒙古地区落后，但是他没有自惭形秽，更没有妄自菲薄。那顺巴图曾对成吉思汗有一段精辟的总结，他评价说：成吉思汗既是蒙古族具有统一文字、统一民族语言的奠基人，也是揭开蒙古社会现代文明序幕的人。他把蒙古社会从野蛮阶段送进了文明发展的阶段，把蒙古族从闭塞落后的疆域送进了广阔的文明世界中，为蒙古文化教育的发展开辟了广阔的前途，在蒙古族发展史上作了历史性的贡献。成吉思汗是完全可以担当这一评价的。

在交通方面，成吉思汗模仿金朝，在主要的大路上设立驿站，供传达军事情报和命令所用。这是保证政令畅通的一个重要举措，不但有助于成吉思汗及时了解各地的战况，还能及时传达大汗的命令，大大提高了帝国的行政效率。为了防止不法之徒假冒汗权，进一步加强大汗的权威，成吉思汗学习金国，采用统一的金牌制度，将大汗的旨意刻在牌子上，作为调发兵马、传达命令的凭据，这就使汗权更具权威性，不易被别人模仿假传。

成吉思汗可以说是白手起家，他周围的人也大多是“文盲”，在

“一穷二白”基础上搞文化建设，这是何等的成就！那顺巴图用“历史性的贡献”来称赞成吉思汗，这一评价是相当高的，在泱泱中华数百个帝王当中，能够堪受如此盛誉的人没有几个。文化教育向来被看成是知识分子的专利，而帝王本身的文化素质实质上并不见得有多么高。汉地国家有中华文明深厚的历史积淀，有数量众多的“货卖帝王家”的文人墨客帮忙，才取得了一些功绩，这与成吉思汗的“自己创造文明”相比，实在逊色多了。

成吉思汗文治国家，一个重要的表现就是他重视利用文人治理国家，他对耶律楚材的信任与重用，就体现了这一点。耶律楚材原先是金朝的旧臣，蒙古军队攻占中都时将他俘虏。耶律楚材刚到成吉思汗身边时，有一个名叫常八斤的西夏人对他很不服气。他善于制造弓箭，看不起这个来自汉地的文人。有一次，常八斤当着成吉思汗的面责问耶律楚材说：“现在大汗正在以武力取天下，你却宣扬什么文治，这不是唱对台戏吗？”耶律楚材反唇相讥说：“制造弓箭需要的只是能制造弓箭的工匠，治理天下需要用天下匠才行！”成吉思汗听后十分高兴，认为他说的非常正确，他让耶律楚材进一步阐述自己的观点，于是耶律楚材大谈要治理好一个国家，不能只靠武力，而要实行儒家的治国方针。

耶律楚材还利用自己的才能帮助蒙古人制定了历法。以前，蒙古人不懂得天文历法，成吉思汗手下的一批畏兀儿人观测天象，预测某日会发生日食，耶律楚材认为这个推论不准确，结果发生了争执，要求成吉思汗裁断。成吉思汗便要求等到那天，看看日食到底会不会发生，结果后来日食真的没有发生，证明了耶律楚材的判断。耶律楚材推测第二年的某天将发生日食，畏兀儿人不同意他的推测，结果到了那天，果然有日食。成吉思汗由此更加佩服他，说："你对天上的事能无所不知，人间的事就更加知道了。"正是这些事使成吉思汗加深了对他的信任，对他更加器重，耶律楚材的思想也逐步在成吉思汗身上发生了潜移默化的作用。

在成吉思汗的手中，强盛的蒙古帝国终于建立起来了，不但有独立的政治体制，而且有适合征战的军事体制和文化制度，成吉思汗用他的雄才伟略向世人展示了一个气势恢宏、锐不可当的草原帝国。

第四节　忠诚血勇

忠诚是成吉思汗倡导的第一条原则，无论是敌是友，只有对主人忠诚，对部族、家人、战友忠诚者，才是一个可以交往信任的人，否则，都必须受到惩罚。成吉思汗坚持臣民必须忠诚于君主的原则，他认为作为臣民必须无条件地服从君主，要事事以君主为先，一切以君主为中心。他不但在成为大汗之后这样要求部下，在开创大业之前，自己作为他人之臣时，成吉思汗也是恪守本分，尽心为臣，以身作则的。

成吉思汗深知人心向背的利害，在战争过程中他不断地向部下灌输忠诚的思想。即使是曾经用箭射伤自己的只儿豁阿歹，在表示效忠之后，他仍旧免其一死；失儿古额秃父子三人放走了自己的仇敌，他没有追究责任，反而表扬他们讲究信义。

1179年，成吉思汗尊王汗为义父，与王汗建立了联盟关系。期间，成吉思汗始终恪守子臣之职，直到1203年王汗父子设计谋害他，并率领大军击溃了他的部队，背信弃义到忍无可忍的程度，成吉思汗才与他毅然决裂。

成吉思汗非常敬重具有忠君情操的人。即使这个人是一个敌人，成吉思汗也可以原谅其战斗到底、决不背叛其主的行为。相反，对忘恩负义的叛徒成吉思汗从不手软。无论叛徒是敌方的还是己方的，都会受到他的严惩。克烈部被成吉思汗击溃后，王汗之子桑昆与其马夫逃了出来，马夫为求活命，中途抛弃了桑昆跑回来投降成吉思汗。成吉思汗责备马夫背弃旧主，为人不忠，下令将他处斩。马夫的妻子曾经劝说他不要抛弃主子桑昆，成吉思汗感于她的忠义，不但没有杀她，还对她进行了嘉奖。

克烈部被成吉思汗军队包围时，为了让王汗逃走，王汗的部将只儿斤氏人合答黑吉把阿秃儿率领部队奋勇抵抗，力战了三天三夜，最终寡不敌众被擒。成吉思汗因为他忠于其首领，饶他活命。成吉思汗打败了泰赤乌部后，却找不到首领塔儿忽台，有人报告说泰赤乌部属民纳牙阿父子发现了塔儿忽台，但是念及昔日同族之情，不忍将他们押送来献，悄悄将他放走了。成吉思汗对于纳牙阿父子忠于旧主的行为不仅没有给予惩罚，反而大加赞扬。与之相反，成吉思汗的夙敌札木合的五名那可儿却极为不幸，他们擒住札木合来献，本想得到重用和奖赏，不成想却被成吉思汗下令全部处死，都是因为他们弃主求荣。

泰赤乌贵族并没有完全被成吉思汗消灭，一些贵族被杀了，另一些贵族如塔儿忽台等人却乘乱躲进了大森林里。塔儿忽台与成吉思汗有血海深仇，当年成吉思汗年轻的时候，就是他捉获成吉思汗，给他戴上沉重的枷锁，四处游行示众。塔儿忽台身体肥胖，不能骑马，他在森林里不方便行动，没跑多久就被泰赤乌属民失儿古额秃和他的两儿子捉住了。父子三人就把塔儿忽台捆绑在一个大木车上，准备把他押送到成吉思汗那里。消息传得很快，塔儿忽台的儿子们听说父亲被捕后，立刻驱马赶来，准备把塔儿忽台夺回去。形势十分危急，失儿古额秃老翁一怒之下，站到塔儿忽台的身上，用刀对着他的脖子说："你的儿子们人多势众，他们要来营救你，我一定打不过他们。现在我只有死路一条，杀死你我是死，不杀你我也是死，这样不如先杀死你我再去死！"说着就要用刀去砍塔儿忽台。塔儿忽台心惊胆战，他赶紧对儿子们大声喊道："不要过来，不要过来！你们如果过来，失儿古额秃就会杀死我！人死不能复生，你们救回我的尸体也没有用啊？现在他们要押我去见成吉思汗，无论如何我还有一线生机，成吉思汗是一个宽厚的人，我曾经有恩于他，在他孤苦伶仃的小时候教养过他。成吉思汗肯宽厚地对待其他人，他也决不会忘了我对他的恩情，你们快回去吧！你们来救我就是害我，你们走了我才能够活下来！"

塔儿忽台一番话下来，他的几个儿子和部众不知该如何是好。一伙人待在那里一动不动，塔儿忽台又大吼一声："你们是来搭救我的，如果我被杀，你们抢回这没有气的尸体还有什么用啊？趁着我还活着，你们快点回去！"听到塔儿忽台的哭喊，他的儿子们只好止住脚步，拍打着马匹呼啸而去。

危险已去，失儿古额秃父子三人带着塔儿忽台继续前进。夜晚来临，三个人将塔儿忽台紧紧地绑好，点起了篝火。塔儿忽台突然对失儿古额秃父子说："我是你们的领主，现在你们将我捉住献给成吉思汗。

到了成吉思汗那里，成吉思汗必定会认为你们捕捉了自己的领主，是没有信义的百姓，会将你们杀死的。我看还是放了我吧。”失儿古额秃的大儿子十分生气，以为塔儿忽台只想逃命。失儿古额秃却认为塔儿忽台说的很有道理，他对儿子说：“成吉思汗是一个十分忠义的人，他怎么会容忍我们背叛自己的领主呢？塔儿忽台虽然是为了逃命，但他说的很有道理，我们可以这样对成吉思汗说：‘我们为了给您效力，曾捉住塔儿忽台，但是他是我们的领主，可汗您一定会认为我们是没有信义的百姓，会责怪我们的。我们就在路上放了他，自己来归顺。’”两个儿子觉得父亲的话有道理，于是放掉了塔儿忽台。

失儿古额秃父子三人来到成吉思汗处，他们向成吉思汗禀告了整个事情的经过，成吉思汗十分高兴，他对失儿古额秃的见识很是欣赏，夸奖说：“把自己的主人捉起来的牧民，必定是不可信任的百姓，这样的人应该被杀掉，你们不忍心伤害自己的主人，说明你们是忠诚的，我虽然失去了一次杀死敌人的机会，可是我得到了一名忠实的助手。”从此，成吉思汗又多了一个忠实的那可儿。

深受成吉思汗器重的耶律楚材曾是金朝的左右司员外郎。成吉思汗攻占金中都后俘虏了他。耶律楚材是契丹人，因此成吉思汗把自己打扮成被金朝灭国的契丹人的复仇者。他对耶律楚材说：“契丹王族与金王族是夙敌我现在已经为你们契丹人报仇了！”而耶律楚材却告知成吉思汗说：“我的祖父、父亲以及我本人，早已入朝侍奉金室，是效忠金王的臣子了。我已经是他的臣仆，若是再对他心怀敌意，那就犯了欺君大罪。”听了耶律楚材的这一番话，成吉思汗对他肃然起敬，使他感到高兴的还有，眼前的这个耶律楚材，身材魁梧，胡须拂胸，说话口气庄重有力，令人肃然起敬。此外，耶律楚材还是一位博学的星相学者。于是，成吉思汗请他供职宫中。从此，他二人便常在一起。每次远征之前，成吉思汗都要请耶律楚材占卜以测吉凶。

耶律楚材不仅仅是一位顺应当时当地人们思想的占卜者，更主要的他还是一位充满智慧和人道主义精神的学者。他充分地利用成吉思汗对他的信任发挥自己的作用。在蒙古军队进行征战时，成吉思汗的一些将领只顾劫掠和摧毁，耶律楚材却只从一般的战利品中拿取几本中原的书籍和一些药品。由于战争频繁，到处都是尸体，因而常常瘟疫流行。耶律楚材用得到的这些药品挽救了无数患者的生命。

由于耶律楚材的存在，中原的古老文明开始对成吉思汗的思想产生影响。他深得成吉思汗的信任，他谨慎地利用这种信任，使成吉思汗撤销了一些野蛮的命令。他进谏成吉思汗说：不应该摧毁耕地和屠杀农民，而应该保护农田和农民，向农民征税，这比摧毁耕地和屠杀农民更有利；不应该洗劫城市财富，更聪明的做法应该是为帝国的利益保护这些财富的来源本身。后来他甚至大胆而明确地对成吉思汗的儿子说："战马上所建立之帝国绝不能靠战马来统治。"耶律楚材具有政治家的品质和才能，对成吉思汗起到了重要的辅佐作用。成吉思汗能如此迅速地发现他，倾听他的意见，表现了成吉思汗对耶律楚材的忠诚的欣赏和敢于大胆启用人才的特点。

下对上的绝对服从是草原游牧民族长期以来形成的一种习惯，成吉思汗不允许奴仆伤害自己的主人，即使奴仆这样做是为了表示对成吉思汗的忠心。成吉思汗极力维护主人与奴仆之间的关系，就是要求自己的属下绝对忠于自己，即使是从敌方阵营前来投降的人，也要首先表现出忠于自己的旧主人，然后他才相信他们会忠于新主人，因为这样更符合成吉思汗的利益。纵观成吉思汗的一生，他自始至终都在强调这种忠诚的观念，并以此网罗了一大批忠心耿耿的那可儿。成吉思汗身边绝少出叛徒，他的部下都是忠心不二的贞烈之士，事实证明成吉思汗的原则和选择是完全正确的。

成吉思汗坚持信义原则，信守誓约、诺言。成吉思汗被乞颜氏贵族们推举为汗时，与他们互立誓约，成吉思汗立誓约说："我决不让祖居之地沦丧，决不允许破坏他们的规矩、习惯！我一旦当了君主，并统率许多地区的军队时，一定要关怀我的部下，夺来许多马群、畜群、游牧营地、妇女、儿童给你们。"此后，成吉思汗始终信守誓约。

八邻部人豁儿赤于十二世纪八十年代投奔成吉思汗时，向他预告了天神令成吉思汗当国主的吉兆，当时成吉思汗答允豁儿赤说：如果我当了国主，就封你做万户长，让你选三十个美女做妻妾。1206年成吉思汗即位后，果然履行诺言，封豁儿赤为万户长，降旨让他从归附的百姓中自选美女为妻妾。

成吉思汗憎恶违背誓约、背信弃义者，同时有恩必报。王汗违背誓约、背信弃义，谋害成吉思汗，并率领大军对成吉思汗举行突然袭击，击溃其部众，遂使成吉思汗对王汗恩断义绝，下决心发动对王汗的复仇战争。乞颜氏贵族阿勒坛、忽察儿违背誓约、叛变投敌，被擒获后处死。乞颜分部主儿勤氏贵族撒察儿别乞、泰出后来违背誓约，率领主儿勤部进行叛乱。成吉思汗镇压了这次叛乱，擒获撒察儿别乞、泰出后以违背誓约为由，把他们二人杀了。花剌子模国王摩诃末撕毁他亲口对蒙古使臣答应缔结的和约，屠杀蒙古商队，杀害、侮辱前往交涉的蒙古国使臣，背信弃义，遂使成吉思汗下决心发动对花剌子模国王的复仇战争。1206年建国后，于他有救命之恩的锁儿罕失剌、乞失里黑、巴歹、博尔术、博尔忽等人，均被他封为享有多种特权的答剌罕。

成吉思汗深感这些普通牧民对他的真诚爱护、帮助和珍贵友情，他真心诚意地愿意与这些地位低下的牧民、奴隶做朋友，互相帮助、互相爱护。逐渐地，在成吉思汗周围团聚了一群那可儿，其中有自己的堂兄弟汪古儿、异母弟别勒古台、长弟合撒儿，有被送给成吉思汗做家奴的者勒篾、统格、木华黎、合失、不合等人，有牧民察兀儿罕、忽必来、斡格来、速不台、古出古儿、者台、博尔术、赤勒古台、朵斡勒忽、速客该、速亦客秃等人，有世代为奴的札剌亦儿人合剌勒歹脱忽剌温、合赤温脱忽剌温、合剌孩脱忽剌温、巴剌、阿儿孩合撒儿等人。成吉思汗待这些那可儿如自己的亲密战友、伙伴、兄弟，那可儿们忠诚地为成吉思汗效力，他们成为成吉思汗创业所依靠的核心力量。

札木合和泰赤乌氏贵族等各部落奴隶主贵族残酷地剥削、虐待战俘、压迫部众、奴婢，而成吉思汗宽厚地对待部众，视部众如朋友、兄弟，因此越来越多的牧民、奴婢、贵族离开札木合和泰赤乌氏贵族等奴隶主贵族来投靠成吉思汗，使成吉思汗在十年之间聚拢了数万部众，大大壮大了力量。

成吉思汗还善于团结各阶层、各部落、各民族的人，因此得到他们的支持。在蒙古国建国前，早就投靠成吉思汗的人中，有西域回回人札八儿火者，契丹人耶律阿海、耶律秃花等。乃蛮太阳汗遣使者去约汪古部主夹攻成吉思汗，汪古部主拒绝了他，并派使者将这事报告了成吉思汗，后来又发兵助成吉思汗攻打太阳汗。克烈部王汗的牧马人巴歹、乞失里黑听说王汗之子桑昆要去捉拿成吉思汗，立即骑上马连夜兼程跑去报告，使成吉思汗及早防范。成吉思汗能与广大部众同甘共苦，共同分配战利品，共同分担战斗的艰辛。成吉思汗重信义，待那可儿、部众如朋友、兄弟，对战死的将士及时给予优厚的抚恤，对有过错的将士的处罚较公道、慎重，不滥施惩罚，不因个人喜怒随意处罚将士，以教育为主，不计较个人恩怨，对立有大功的部属给予重赏。成吉思汗爱护将士，其部将朔鲁罕在野狐岭战斗中被流矢击中，成吉思汗亲自为他敷上止血药；另一名部将不鲁罕罕札领军交战时，重伤坠马，成吉思汗亲自策马带兵将他救回。

由于成吉思汗重信义，待广大部众、那可儿如兄弟，能与他们同甘共苦，因此这些部将们都十分忠诚地为他效力，愿在他的领导下去奋勇作战，战胜敌人，共创蒙古大业。

成吉思汗能善始善终地对待有功将士，1206年蒙古建国时大封功臣，其中八十八人被封为万户长、千户长，对于许多有特殊功劳者，成吉思汗还封他们为答剌罕，获得九次犯罪不罚的权利，并要求自己的子孙后代要永远善待那些那可儿、护卫、功臣们。与其他开创了历史基业的帝王相比，汉高祖、明太祖等诛杀功臣，成吉思汗却善待功臣，成就大业后没有诛杀过任何一个忠于自己的功臣，其胸襟之宽广，为人之光明磊落，实在是大大超出了许多帝王！

成吉思汗对待有恩于自己的人是知恩图报，铭记恩情的。成吉思汗在消灭了泰赤乌部之后，开始收编敌军旧部。一天，当他经过一座小山时，一个穿着红衣服的女人，很远就向他哭喊："铁木真！铁木真！"成吉思汗感到疑惑，便派人前去查问。那名妇人悲痛地说："我叫合答安，是锁儿罕失剌的女儿。我的丈夫被你们部落的军人捉去了，将要被杀。为了搭救我的丈夫，所以我才大声哭喊铁木真的名字。”合答安早年曾经和她的父兄一起，帮助成吉思汗逃脱了泰赤乌人的追杀。成吉思汗听到这一禀告，立即驰马上山解救合答安，见到合答安，成吉思汗亲自下马相抱，悲喜交集。成吉思汗马不停蹄，接着下令释放合答安的丈夫，但是已经为时已晚，合答安的丈夫刚刚被处决。人已经被处死，无法挽回了，成吉思汗心里十分难过。他满怀怜惜地将合答安请到营帐中，让她坐在自己身边。成吉思汗深情地回忆起了往事，当年成吉思汗有难，锁儿罕失剌救助成吉思汗的时候，他曾让女儿合答安为成吉思汗送茶送饭，在短短的几天时间里，落难的少年成吉思汗对救他的少女产生了深深的感激之情，而少女也倾慕他的少年英气，彼此爱慕之情油然而生。转眼间许多年过去了，成吉思汗已经成长为草原雄主，合答安却失去了丈夫，成吉思汗不忘旧情，为了弥补杀死合答安丈夫的过错，为了报答当初的救命之恩，成吉思汗便娶了合答安。

正因为成吉思汗做事有原则，知恩图报，周围团结了一大批有识之士。武有“四杰”博尔忽、博尔术、木华黎、赤老温帮他平定天下，文有俘虏过来的契丹人耶律楚材帮他治理国家，中原丘处机也是随其转战四方，供其谋略。而成吉思汗的子孙也受到了他的恩泽，在成吉思汗死后，他的部下仍忠心耿耿，帮助他的子孙建立起了西起亚美尼亚、东至朝鲜、南至印度河流域、北至伏尔加河的广阔帝国，至成吉思汗的孙子忽必烈时更是支配了亚欧大陆五分之四的版图。

成吉思汗坚持论功行赏，厚待其那可儿、部众，有功必赏，每次战胜敌人后，均将夺得的全部战利品在其全体将士中进行分配。勇者多获，谋者多获，按军功分配。同时，成吉思汗对有突出贡献的将士予以提拔重用。1202年泰赤乌部被歼灭时被俘归降的哲别，成吉思汗因其忠勇可嘉，箭术高超，不仅没有计较他射自己的一箭之仇，还任命他为十夫长。后因他勇猛善战，屡建战功，逐渐提升他为百夫长、千夫长，1206年建国时封为千户长。此后，因其继续不断有突出战功，才能非凡，提升他为万户长。

成吉思汗非常重视培养军队的忠诚精神，培养将士对他无限忠诚的思想。他利用蒙古人迷信萨满教，崇拜天神的观念，以天神合一的思想作为治军的思想武器，培养兵士对他的忠心；以忠诚得天保佑的观点深深植根于将士的心中。忠君思想使成吉思汗不仅有了一支可靠的军队，而且培养了一批批对他真心拥护的草原子民。成吉思汗正是靠部下和人民对他的忠心一次次地巩固了帝国，积聚力量，走出大草原。

第四章

伐金灭夏

第一节　征服西夏

辽阔的大草原上终于结束了蒙古各族之间的自相残杀，统一的蒙古日渐强盛，草原之雄的成吉思汗俯瞰整个草原，以宽广的视野和长远的眼光看到了蒙古族走出草原的希望，他带着他的族人，开始了新的征程。他带着他的大军，如雄鹰展翅，振翅高飞，飞过草原，征服世界。

当蒙古军队冲出草原时，成吉思汗的任务就是伐金灭夏。在这之前，成吉思汗要清除外围的隐患。

1209年，畏兀儿国杀掉西辽监治该国的官员少监，主动归附成吉思汗。成吉思汗便将自己的女儿嫁给畏兀儿亦都护（国王），让亦都护巴而术阿而忒的斤享有“第五子”的待遇，“使与诸皇子约为兄弟，宠异冠于诸国”。畏兀儿亦都护从此成为蒙古大汗的藩臣，虽然必须履行纳贡、纳质子、从征等藩属国的义务，但对自己的领地和百姓拥有一定的自治权。

1210年，成吉思汗派遣蒙古军出征哈剌鲁，哈剌鲁国主阿儿思兰汗杀掉西辽少监，主动投降蒙古军。成吉思汗因哈剌鲁国主不战而降，便给予宠遇，把自己的一个女儿赐嫁给他。从此以后，哈剌鲁阿儿思兰汗家族与成吉思汗皇族世代联姻。

另一个占据阿力麻里城的哈剌鲁首领斡匝儿也派遣使者主动归附成吉思汗。成吉思汗把术赤的女儿嫁给他的儿子，与他结为姻亲，接受他为藩臣。

1211年，乃蛮王子屈出律篡夺西辽帝位后，残酷镇压可失哈儿（今新疆喀什地区）的反抗，残害百姓。又强迫忽炭（今新疆和田）居民放弃了伊斯兰教信仰，虐杀伊斯兰教教长。成吉思汗了解到屈出律篡位后对西辽百姓的残暴统治，1218年，派遣哲别率领蒙古军以解救西辽百姓于水深火热为名讨伐屈出律。蒙古军只追击屈出律，不侵犯百姓，并宣布允许百姓保留自己的宗教信仰，因此受到西辽百姓的欢迎，在百姓的协助下，蒙古军追杀了屈出律。西辽国土遂归蒙古所有。

西夏是成吉思汗征服的第一个重要目标。

当时，蒙古国东部和东南部相邻的是金国，西南部相邻的是西夏，远隔金国遥遥相望的是南宋。金国长期压榨蒙古各部落，对蒙古政权构成最大威胁的也是金国。成吉思汗首先想到的是先灭掉金国这个劲敌，但是金国实力强大，而且西夏是金国的属国，如果先攻打金国，西夏必定会从西侧攻击蒙古，两国共同进攻，构成犄角之势，成吉思汗就必须两面作战，极为不利。蒙古铁骑擅长在开阔的草原平地乘马鏖战，如果先进攻金国，蒙古军队就会进入人口稠密的农耕定居地区，攻击设防坚固的城堡壁垒，没有必胜的把握。经过深思熟虑之后，成吉思汗不顾大臣们的反对，决定先易后难，先征西夏，以免除南下的后顾之忧，获得充足的人力物力补充后，再去进攻金国。

西夏政权是党项贵族建立的，自1038年李元昊称帝，一直盘踞在西北地区，拥有军队数十万人，经过数十年的发展，成为一支不可忽视的军事力量。然而，西夏后期，贪污贿赂之风盛行，统治日益腐败，国势日衰，被成吉思汗的蒙古铁蹄踏平已是迟早之事。

西夏先是侵袭、劫掠北面蒙古高原西南、南部蒙古诸部落，后又收留王汗之子桑昆，成吉思汗在攻金前为免除攻金时西夏可能构成的侧面威胁，便以西夏曾接纳其仇人桑昆等为理由，于1205～1209年发动了三次攻夏战争，迫使西夏臣服。成吉思汗为解除攻金时腹背受敌之患，并从西夏取得战略物资和人力的补给，他亲自率军或派遣军队先后共六次攻打西夏国。在前五次攻夏战争中，蒙古军只是掳掠大量牲畜、人口，没有大规模屠城、大规模屠杀西夏百姓。

公元1207年秋，成吉思汗借口西夏不愿称臣纳贡，亲自率兵进攻西夏。蒙古军进攻斡罗孩城，遭到了西夏军顽强抗击，双方激战四十多天，蒙古军才攻陷此城，但损失惨重，成吉思汗一怒之下，下令屠杀了城中所有幸存者。

两年后，又开始大规模地征伐，占领兀剌海城后，长驱直入河西地区，直逼西夏都城中兴府。西夏皇帝李安全急忙派使臣向金国求援，金国皇帝昏庸无能，竟然说："蒙夏两国相攻，吾国可以从中渔利，岂不是吾国之福。"致使西夏陷入孤军奋战的境地。

这时候的蒙古铁骑刚刚走出草原，他们习惯于在原野上奔驰作战，而不熟悉攻占城池。西夏国城墙高大，军队善于守城把关，成吉思汗一时难以吞并西夏，于是趁机对西夏发起政治诱降。西夏国孤立无援，被迫答应蒙古提出的条件，向蒙古纳贡称臣，并将公主嫁给成吉思汗，成吉思汗这才罢休，带兵返回蒙古草原。

在战略上，成吉思汗取得了巨大的成功，西夏虽然没有消灭，但力量大大地削弱了，特别是西夏与金国之间的矛盾加深了，金夏联盟开始分裂。这样，成吉思汗解除了后顾之忧，他可以放心地去进攻金国了。

1218年春，西夏大臣阿沙敢不于成吉思汗西征前夕出言不逊，拒绝发兵出征花剌子模，使成吉思汗不满西夏的桀骜不驯。1224年起西夏更是背叛蒙古，联金抗蒙，并曾派遣使者联络漠北诸部共同抗蒙，遂使成吉思汗下决心攻灭西夏，根除西夏这个心腹之患。1226年春起，成吉思汗统率蒙古大军对西夏展开猛烈攻击，西夏某些城池进行顽强抵抗，在激战中造成蒙古军较多伤亡，城破后在复仇观念支配下，成吉思汗又一次下令进行屠城。

1226年4月，蒙古军围攻肃州城（今甘肃酒泉），遇到守城军民的顽强抵抗。经过几天围攻，守城将士仍然坚守不投降，双方激战不休。但是早已归附蒙古的唐兀人昔里钤部的兄长住在城内，害怕城被攻破会伤害到家人，就率领族人从里面反了起来，将城内虚实报告给蒙古军将，仅过了一个多月，蒙古军就攻破城池。成吉思汗下令屠城，只有昔里钤部的亲族一百零六户获得赦免。

1226年6月，蒙古军围攻甘州城（今甘肃张掖）。甘州西夏守将曲也怯律的庶子察罕早在二十年前幼年时就被成吉思汗收为养子，因屡建战功，升为将官。这时察罕也在围攻甘州城的蒙古军中，他射书劝其父投降。甘州守城副将阿绰见曲也怯律有降意，便联合军中三十五人，杀死蒙古使者及曲也怯律，率领军民继续坚决守城抵抗。不久，甘州城被攻破，阿绰等三十六人被杀。

1227年初，蒙古军包围了中兴府城（今宁夏银川），展开围攻。西夏军民进行了半年多艰苦的保卫战。六至七月间，中兴府城内几乎粮尽，又遇到强烈地震，宫室、房屋倒塌无数，军民大多患病。西夏末帝李晛在此困境下被迫派遣使者去向成吉思汗乞降，请求宽限一个月献城投降。成吉思汗同意了他所请求的期限。

1227年7月，成吉思汗在清水县驻地病死，他留下遗诏，待西夏末帝献城出降时，把城内军民全部杀光。同月，夏末帝李晛率领文武百官出城投降，蒙古诸将把他们擒住并全部杀死。蒙古军冲进城内，大肆杀掠。后经察罕竭力劝阻，才中止了屠杀，但城内人口仅剩下了一小部分。

西夏立国一百九十年，至此灭亡。

第二节　南下伐金

金国是蒙古部落的宗主国，曾经灭辽、北宋，称雄一时。但到成吉思汗称霸时，金国已度过了鼎盛时期，国势日渐衰落，君臣之间互相猜忌，朝臣勾心斗角，朝政昏乱，军队长期不耕不战，士气低落，国内各种矛盾十分尖锐。

金朝自从强大以后一直对蒙古诸部落实施民族压迫政策，常出动大军攻打、劫掠蒙古诸部落，并唆使塔塔儿等部落与蒙古诸部落互相仇杀。金朝对蒙古各部的残酷民族压迫，引起蒙古各部人对金朝的深刻仇恨，成吉思汗的祖先俺巴孩汗、斡勤巴儿合黑等均被金朝用酷刑处死。

金国是蒙古的世敌，成吉思汗想要争霸世界，首当其冲的就是要面对金国。十三世纪时，金国的实力已经大不如以前，政治腐败，经济萧条，军备废弛，金国统治者奉行民族压迫和阶级压迫的政策，矛盾不断激化。蒙古建国后，成吉思汗逐步谋求摆脱对金朝的臣属关系，转而对金用兵作战。

经过几年的准备，他已经有了和金国对抗的实力，对待金朝朝廷的态度日益蔑视和傲慢起来。这时，金国的皇帝病逝，新帝继位，金国派遣使者到蒙古草原四处通报，其中一名来到了成吉思汗这里。蒙古是金国的属国，成吉思汗也是金国的附庸，皇位的继承本来是一件非常重大的事情，成吉思汗却不以为意。他听完金廷使节宣读的诏书后，他心不在焉地问来使道："新君是谁人？"

来使回答说："是卫王。"

成吉思汗大声感叹说："我原以为中原的皇帝，都是天上的神人才能做的，没想到卫王这般昏庸无能之辈也可以做皇帝。"说罢，成吉思汗向南面金国的方向唾了一口，抛下金国使节，上马扬鞭而去。金国使臣见此，一时惊得目瞪口呆，不知所措。

成吉思汗忍耐了很久，现在他终于敢于向金国说不了。从血统世袭关系上来说，蒙古人同金人之间存在着深刻的鸿沟，金国皇帝曾侮辱过蒙古人，对蒙古的几位汗施加酷刑，像处决罪犯一样把俺巴孩汗和斡勤巴儿合黑亲王残酷地折磨致死。俺巴孩汗在临死前曾大声说，他的子女甚多，有朝一日必定会来报仇。这既是对金国的警告，也是对蒙古后人的激励。成吉思汗牢记先辈的遗愿，现在，蒙古各部已经统一，给金国以严厉惩罚的时候到了。公元1211年，成吉思汗称汗的第六年春天，成吉思汗以为祖宗报仇作旗号，率领蒙古铁骑杀向金国。出兵前，为了最大限度地孤立金国，成吉思汗派人到南宋表示友好，愿意与南宋联合攻金。迫于金国的压力，南宋没有同蒙古国建立联盟，但对蒙古国攻金，采取了中立的态度，这对成吉思汗是有利的。

征金是成吉思汗及其继承者对外扩张战争中规模较大、时间最长的一次战争，是他们由弱小走向强大，从蒙古走向世界的决定性的一次战争。成吉思汗的兵法在这次战争中得到了充分的发挥，并走向成熟。公元1211年，成吉思汗正式在蒙古东部的克鲁伦河河畔誓师，他召集各蒙古部落，无论是蒙古本部还是住在遥远的地方的附庸，都纷纷前来，与成吉思汗共同商讨伐金大计。成吉思汗把远征金国的战争当做全国性的对外战争加以准备，他广泛地发动盟友，统治吐鲁番和库车等绿洲、家住在西部的畏兀儿亦都护巴而术阿而忒的斤；统治巴尔喀什湖以南谢米列奇耶地区的哈剌鲁王阿儿思兰；都率领军队，不远万里参加对金国的作战。成吉思汗率领各路大军，来到蒙古的圣山不儿罕山，举行庄严盛大的宗教仪式，他祈求长生天保佑他、赐予蒙古福气，保佑他们出师胜利。成吉思汗按照萨满教的仪式，脱帽解带于肩，三次叩头于地，然后祷告说：“长生天在上，我决意整顿军马，为被金国残害致死的俺巴孩汗和斡勤巴儿合黑亲王报此血海深仇。长生天赐我神力和福祉，消灭金军，光大蒙古。”宣誓完毕后，成吉思汗正式率领大军，两路齐发，直捣金国。

时值1211年初秋，成吉思汗亲自率领东路军。他派大将哲别为先锋，首先向乌沙堡进攻，进入金境。哲别作战勇猛，蒙古军锐不可当，很快占领乌月营。金军统帅完颜承裕不敢抵抗，慌忙率军撤退，一直退守到野狐岭附近，才将大军驻下，与蒙古对抗。当时金军数量胜于蒙古军队许多，号称大军五十万，但金国将领指挥不当，金军士气低落。

蒙古军队以迅雷不及掩耳之势发起攻击，在野狐岭战役中大败金兵，突破了金国用来防御草原游牧民族进攻的边墙。在这次战斗中，金国的精锐部队几乎丧失一半，从此元气大伤。金宣宗被迫求和，向蒙古贡献了大量财物。蒙古军队长期征战疲劳，获得大量财物、俘虏后北返。

金军步步为营，在野狐岭失败后屯兵于浍河堡，严守不出，成吉思汗采取从中央突破敌军、两翼策应的战术，全歼金军主力。此后，蒙古军主力攻入居庸关，哲别率领先锋军直达中都。中都是金国的首都，是金国皇帝的所在地，金国倾全国兵力严防死守，哲别与金军几次战斗不能取胜。成吉思汗率蒙古大军来后，见金国实力犹存，为了避免大的伤亡，主动撤出了对中都的战斗。成吉思汗命令术赤、察合台、窝阔台率领西路军，以汪古部主力为蒙古军向导，进入阴山地区，蒙古军顺利地攻下净州、云内州、丰州等城池，进而合围金国西京（今山西大同）。为了督促蒙军作战，成吉思汗亲自上阵鼓舞士气，金国守将殊死战斗，用箭将成吉思汗射伤，蒙古军被迫后退，解除对西京的包围。成吉思汗采用避实就虚的战略，派哲别率蒙古军攻入金国兵力薄弱的东部地区，掠得大量财物，充实了蒙古的军力。蒙古军队东西两路，扰得金国不得安宁，当金国派军队进攻哲别时，成吉思汗趁机率军攻克宣德、德兴等河北诸城，将金国左丞相完颜纲所率领的军队一直追击到居庸关，金军精锐消耗殆尽。

稍事休整以后，成吉思汗将蒙古大军分为三路，南出紫荆关，向金国的山东、河北等地进攻。成吉思汗与其幼子拖雷率领中路军，在华北平原上长驱直入，深入金国腹地；右路军由成吉思汗的另外三个儿子术赤、察合台和窝阔台率领，他们率领军队沿太行山一线向南进攻，占领金国的山西地区；左路军由成吉思汗的弟弟合撒儿率领，主要进攻东北方向。蒙古大军三路齐发，互为犄角照应之势，势不可当。

1214年春，蒙古三路大军会师于中都附近，再次将中都包围。蒙古军声势强大，金军接连失败。金宣宗被迫向成吉思汗求和，献纳公主、童男童女、金银财宝等。成吉思汗在得到金国的大量财物后，考虑到蒙古刚刚建国，西部边界尚不稳定，率领军队撤退。蒙古实力强大，中都在几年之内两次被蒙古军包围，金宣宗担心总有一日中都不保，在成吉思汗撤军后不久，慑于蒙古的军威，脆弱的金统治者，在1214年春仓皇迁都南京（今河南开封），皇太子守忠留守中都（今北京），由尚书左丞完颜承晖、参政抹燃尽忠辅佐，躲避蒙古军锋芒。

成吉思汗借口金帝没有议和诚意，再次统军攻金，在野狐岭，蒙古军队击溃了三十万金国守军，前锋直指居庸关。居庸关是一道天然的军事屏障，一旦有失中都必定不保，金国在居庸关外布铁蒺藜百余里，冶铁加固关门，派重兵守御。

成吉思汗避实击虚，留部将与金兵对峙，自己则亲率精锐，兼程从小道奔袭紫荆关。金军猝不及防，被迫退离紫荆关，紫荆关的失守，使金国的都城中都完全暴露在蒙古铁骑面前。

为了搜刮更多的财物进行对蒙古的战争，金国更加残酷地剥削境内的其他民族。金朝对契丹人的镇压与防范十分严密，契丹人的反抗与逃亡也不曾稍有停息。女真族与汉人的矛盾也一直很尖锐。金人禁止汉人收藏兵器，损毁中州城市。在官吏的选举、升迁方面，女真人享有种种优惠特权，汉人则受歧视。女真人还把汉族分划为汉人与南人两种，进行分裂和挑拨，执行严格的里甲制度，这些都使广大汉族人民怨声载道。金朝已经如同一座随时都有可能喷发的火山，蒙古军的进攻大大削弱了金国的统治，各族人民的反抗活动风起云涌，大大有利于蒙古军队的进攻。金国境内各个民族的反抗斗争进一步削弱了金朝的实力，使它完全丧失了抵御蒙古军的能力。

在攻打金国的过程中，成吉思汗充分展示了自己大漠英雄的机智和能力。他在战前充分侦察，避害趋利；在战争中善于把握时机，抓住机遇；他善于纳谏，优待降将。凡此种种，为他在攻打金国的过程中开辟了大道，让他的军队直指中都。

成吉思汗每战之前都对敌人进行充分侦察，了解敌情后发动进攻，从不莽撞行事。当敌人虚实难知时，他先以小股队伍冲击敌人以探实力，如果敌弱，则全军并进围而歼之；若敌强我弱，则分化敌人各个歼灭，或者掉头远遁，避其锋锐，以图后计。

如1211年，蒙古第一次进攻金国，军队必须通过居庸关，才能发起攻击。居庸关地势险峻，易守难攻，是进攻金国首都中都城的必经之路。成吉思汗详细调查后发现，守关的金国将领狂妄自大、自以为是。他便定下计策，命攻关的将军哲别攻关口时，佯装败退，引诱敌人出击。金国将领果然中计，误认为蒙古兵真的溃败，率领关口守兵倾巢出动。哲别且战且退，把金国军队引进埋伏地区，把敌人打得大败。这时候大将木华黎率领大军从关口西门进攻敌人，由于西门的兵力大部分被调走，蒙古军得以乘虚而入，号称“天险”的居庸关终于被蒙古军拿下！

攻打金国的过程中，成吉思汗对战机的把握能力表现得淋漓尽致。

成吉思汗自信，但不自大，在没有取得绝对的优势和把握之前，从不轻易进攻，总是在了解对方情况的过程中耐心地等待机会。等到机会出现了，他便会闪电般地出击，绝不会让机会溜走。

成吉思汗在大举攻金国前，长年通过金国的降人、使者及来往于山东、河北各地经商的回鹘商人了解金国的实情。契丹人耶律阿海精通诸国语言，被金朝选派为使者出使蒙古国，见成吉思汗姿貌异常，遂向他报告“金国不治戎备，俗日侈肆，亡可立待”的情况，劝他攻金。回鹘一田姓大商人，往来于山东、河北经商，向成吉思汗等蒙古贵族报告中原民物繁庶的具体情况，劝他组织军队攻金。1206年，成吉思汗建国，金降者向他报告了金章宗肆行暴虐的具体情况。后陆续又有金降者向他报告金章宗“杀戮宗亲，荒淫日恣”的许多情况。但他始终未敢轻动。直到1211年，他对金国的经济、政治、军事等各方面实情有了充分的了解以后，尤其是在他探知金新帝卫绍王允济懦弱无能，同时在他已先后征服了西夏、畏兀儿、哈剌鲁等邻国及北方森林狩猎部落，消除了后顾之忧，做好了各方面的充分准备之时，他才于此年秋大举进攻金国。

成吉思汗善于听取部下的建议。1215年，蒙古军攻下金都。王楫向成吉思汗进言曰：“国家以仁义取天下，不可失信于民，宜禁掳掠，以慰民望。”当时中都城中出现了断绝粮食，甚至人吃人的局面，于是成吉思汗听从了王楫的建议而允许军士提供粮食，到城里去卖给那些饥饿难耐的民众，于是成吉思汗的军士得到了从民众那里交换来的金帛，而民众则获得了宝贵的粮食，于是原先那种不堪的情形得到了极大的扭转。王楫又言：“田野久荒，而兵后无牛，宜差官卢沟桥索军回所驱牛，十取其一，以给农民。”成吉思汗又采纳了他的进言，王楫得到了数千头牛，分给了邻近的诸县，民众大悦，许多民众又重新恢复了农业的耕种。

在对待金国的降将时，成吉思汗心胸宽广、不计前嫌。成吉思汗攻取金国时，在蒙古铁骑的不断进攻之下，金国内外矛盾迅速激化，大量契丹、汉族将领和地主在蒙古强大的军事面前，背叛金国，归附蒙古，其中包括石抹明安、郭宝玉、刘伯林、夹谷长哥、移剌捏儿等名将名臣。而成吉思汗对这些前来臣服的叛将非常重视，给予他们很高的待遇，并委以重任。在蒙金两军野狐岭大战前夕，女真族统帅九斤派契丹人石抹明安出使蒙古，让他质问成吉思汗入侵理由，谁知，石抹明安见了成吉思汗后投降了蒙古。成吉思汗追问他投降的理由，他回答说："我早就有归顺你的想法了。"这句话将契丹族和女真族的矛盾暴露无遗。成吉思汗之所以大胆任用降将，也正是因为他看到了金国内部深刻的民族矛盾，于是大胆任用契丹降将。

在伐金的过程中，先后还有石抹也先，史秉直、史天倪、史天泽父子及石天应，张柔，严实，董俊等金国臣将前来降服，而在蒙古灭金的过程中，这些人都发挥了巨大的作用。成吉思汗对这些降将的重用，不仅对金朝的各级统治者造成极大的恐慌，大大削弱了金朝统治力量。同时重用降将也激化了金朝统治者的内部矛盾，使统治阶层内部相互倾轧攻击，制约了金朝的军事与政治力量。统治者中的高级将领大规模地投降蒙古国，也使得金国百姓感知到了金王朝的腐朽和蒙古的兴盛，于是也开始大规模地叛离，辽东爆发了以耶律留哥为首的契丹人民起义；汉族人民也不愿再忍受女真族的黑暗统治，纷纷起义反抗，其中最著名就是杨安儿、李全领导的红袄起义军。这些起义从内部大大打击了金朝的统治力量，牵制了金军的部队，从而减轻了蒙古军队在战争中的压力。

成吉思汗是一个非常理智的统帅，他对战事部署缜密，善使攻心术。在每次进攻敌人之前，成吉思汗总是先采用招降战略，如果敌人投降了就不杀；如果不降则全部杀死。蒙古将军拙赤进攻花剌子模国的莎嘎那忽城，攻城之前先派使者向守城军民宣传投降归顺政策，但城内守军将派去的使者残酷地杀死。蒙古军队当即以武力回击，不久城堡被攻破，全部反抗者被杀死。在攻打斡失堪大城时，守军接受劝告，自动归降，成吉思汗信守自己的诺言，全城军民安然无恙。

草原的血族复仇的习俗也在他的进攻中打下了深深的烙印，成吉思汗的大军所到之处，人口、牲畜和财物都被洗劫一空，更有甚者，一道屠城的命令就使一座座城池成为空城。迟到的复仇快感并不能消弭人心中的怒火，并在高昂的战意催动下势成燎原，战争的车轮一旦滚动起来，除非将面前的一切碾成碎片，否则是不会稍事停歇的。成吉思汗驾驭着战车，也为战车所牵引，以风驰电掣之势碾碎一切。

1213年成吉思汗大军攻陷保州，将所有的居民驱赶出来，并将成年人全部杀死。过了两天，发现有些百姓还有反抗之意，就下令将老人儿童也全部杀害。1214年成吉思汗攻破卫州，因为愤怒竟将仅用了三天便取得胜利拿下的全城百姓尽数杀害。成吉思汗的手高高举起，又猛地向下一挥，如同斩断了羁绊着泄洪闸门的绳索。金铁的洪流在这挥手之间喷薄而出，将胜过料峭春寒的死亡冰雨劈落在其俘虏的头顶。

后来，成吉思汗统率的蒙古军从原始杀掠战争方式逐渐转向对被征服地区的长期占领、统治，对居民的掠夺、杀戮就逐渐减少。1214年夏，蒙古军由古北口进占景、蓟、坛、顺诸州，诸将想要屠杀被俘军民，经石抹明安劝谏，成吉思汗同意不加屠杀。畏兀儿人塔本告诫成吉思汗说：“国家的根本是老百姓，杀完了他们，对国家有什么好处呢？以这种方式却使得敌人的反抗之心愈加强烈。”成吉思汗觉得有理，这才约束手下，逐渐减少杀戮。

公元1215年，成吉思汗终于攻下了中都，在战争中，成吉思汗还俘获了赫赫有名、后来为元朝建立了巨大功劳的耶律楚材。耶律楚材不仅对蒙古的对外扩张起到了重要作用，还帮助成吉思汗树立了以儒家思想治天下的方针，一直影响到成吉思汗的孙子忽必烈。

此后，成吉思汗率军回漠北，蒙古征金暂告一段落。后来，成吉思汗又委托木华黎全面负责征金事务，成吉思汗死后窝阔台汗继续对金的进攻，直到1234年，蒙古才将金国灭掉。

第三节　权皇帝

在蒙古国的开国功臣中，木华黎被成吉思汗称为“车之有辕、身之有臂”一样关系密切的股肱之臣。他与博尔术、赤老温、博尔忽一起号称“四杰”，是蒙古国的杰出统帅和谋臣，是能够给成吉思汗以重大影响的少数几个人之一。在蒙古国走出草原，发展到中原地区建立元王朝的历史进程中，木华黎经略中原是重要的一步。

蒙古大军一路南下，攻克金朝首都中都之后，成吉思汗意识到金朝已不再是心腹大患了，便把主要精力转移到西方，全力对付花刺子模。

成吉思汗踏上征西路之前，必须要寻找一个主持金国全局的统帅，继续维护蒙古对金国作战中的优势，维护在中原的统治地位，木华黎的胆识才华和征战经历使他成为无可争议的人选。于是，成吉思汗在出发前，将中原的广大战场交给了他忠诚的大将——大名鼎鼎的木华黎主持。1217年8月，成吉思汗正式册封木华黎为国王、太师、都行省承制行事，赐黄金印、誓券。成吉思汗对木华黎信任有加，将金印刻上“子孙传国，世世不绝”八个大字，以示要将木华黎的封爵世世代代传承下去。临行前，成吉思汗庄重地对木华黎说：“太行之北，朕自经营；太行以南，卿其勉之。”将对金作战的全部大权，委托于木华黎一人。

木华黎是成吉思汗的股肱之臣之一，早在成吉思汗打败主儿勤的时候，成吉思汗就与他结下了不解之缘。

主儿勤是合不勒汗的七个儿子中的长子斡勤巴儿合黑的后代，因为是长子，所以合不勒汗从自己的属民中挑选出“手能挽弓的、胸有胆识的、器宇轩昂的、气贯长虹的”百姓给了他。如今，主儿勤的有胆有勇的百姓都归属了成吉思汗，成为他的“梯己百姓”。在这些人当中，就有后来威名远扬的木华黎。

木华黎所属的札剌亦儿氏族，早在海都（成吉思汗六世祖）时代就被征服，成为蒙古部的世袭部落奴隶。长期以来，他们为主人服役，有的人逐渐家资富饶，成了“伯颜”（富翁）。木华黎的祖父帖列格秃就是这样一个人，主儿勤被消灭后，他带着三个儿子古温兀阿、赤剌温孩亦赤、者卜客，古温兀阿带着他的两个儿子木华黎、不合，赤剌温孩亦赤带着他的两个儿子统格、合失，来到成吉思汗这里。古温兀阿对成吉思汗说：“我让这两个儿子，给你固守黄金的大门，如果离开了你的黄金大门，便断送他们的性命；给你谨守宽广的大门，如果离开了你的宽广大门，便挖出他们的心！”

从那以后，木华黎就跟随成吉思汗征战疆场。他跟随成吉思汗浴血奋战，从蒙古草原直到中原战场，或是辅佐大汗，运筹帷幄，或独率大军，独当一面，都能够谋则有功，战则必胜，他的位置与作用，已成为成吉思汗的副帅和助手，犹如左膀右臂一般，不可缺失。等到成吉思汗委以重任的时候，木华黎的威名已在蒙古草原上如雷贯耳了。

自古以来，蒙古政权只封同姓兄弟子侄为王，异姓功臣只封为千户或万户，绝对不能被封宗王爵位。木华黎被破格封为国王，不仅表明成吉思汗对他的信任，而且表明他所担负责任的重要。成吉思汗用人智谋超群，他任命木华黎为中原之王，就是要利用木华黎具有杰出的政治军事才能，完成统一中原的大任。

蒙古所谓的“国王”封号，不同于一般意义上的一国之主，只是爵位，并没有国土。成吉思汗刚刚起步的时候，曾派木华黎到全国边境地区，并没有名号。当时，女真诸部为了表示对木华黎的尊敬，称他为“国王”。成吉思汗听说这件事后非常高兴，他不但没有像中原帝王一样怀疑木华黎有反叛之心，而是认为这个称号是个幸福征兆。成吉思汗顺水推舟，封木华黎为“国王”，又再前面加“太师”称号，把对金国战争的大权全部授予木华黎，凡攻金战争中的一切事宜，不需请示报告，皆可由太师决策处理。为了体现出木华黎有充分的指挥、生杀大权，加重他的权威，成吉思汗还特地制作九尾白旄纛大旗赐给他，并告诉诸将：“凭此面大旗，如朕亲临，军中所有将士，一律听令，如有违拗，可以先斩后奏。”这样的安排可以看出成吉思汗对木华黎的倚重，如同中原帝王授予大臣尚方宝剑一样，赐下了生杀予夺的大权。正因为如此，金朝人把木华黎称之为“权皇帝”，“权”是“代理”的意思，成吉思汗不在，木华黎就成了代理皇帝。

成吉思汗封木华黎为国王时，共拨给他军队约十万余人，把燕京、西京（今山西大同）及其以北的地方交给他统治。但是，蒙古军的主力却被成吉思汗带走了，木华黎分得的蒙古精锐骑兵仅有一万五千人，军队的大部分是由契丹人、女真人和汉人组成，作战能力远远低于蒙古骑兵。因此，木华黎的政治地位虽然如此崇高，成吉思汗留给他统率的南征军，却不是他原来统率的左路军，也不是蒙古军队的精锐，而是一支名副其实的偏师。

经过精心安排，木华黎根据战事需要，从蒙古骑兵中抽出一部分人马，加上翁吉剌、札剌儿等其他蒙古部落的军队，组建了探马赤军，充当征金的前锋。“探马”的意思，在汉语中是指军队中的侦察特务人员，而在蒙古语中，“赤”的意思是指“人”，“探马赤军”指的是打先锋的军队，它是以汪古、翁吉剌、札剌儿等五部蒙古军队为核心，由笑匿歹、阔阔不花、孛罗、怯烈台等几名将领指挥的一支杂牌人马。当时，金国虽然受到了沉重打击，但是仍有大军几十万人。从数量上看，蒙军仍处于绝对劣势，木华黎要打败金军需要付出极大努力；从质量来看，金军供应充足，久经沙场，而蒙军却似“乌合之众”。成吉思汗给木华黎戴上了高帽子，是有良苦用心的，他就是要木华黎用这一支偏师，去消灭劲敌。

木华黎要依靠这样一支军队，去完成成吉思汗交给他的任务：召集豪杰，勘定未下城邑。成吉思汗不仅将征服地的百姓托付给他，让他保护他们，而且嘱托他尽可能地将尚未归服的人民征服。为了迅速征服中原，稳定中原，木华黎于是逐步放弃改变屠杀抄掠和占而复撤的做法，力图长期占领和统治中原地区。为此，他大力收附汉族地主武装势力，并注意招民耕种，恢复农业生产，收服人心。

蒙古在刚开始伐金的时候，铁骑所到之处，烧杀抢掠十分严重，撤军时，金帛、子女、牛羊马畜，统统席卷一空，“屋庐焚毁，城郭丘墟”。败逃的金兵也大肆抢掠，残害百姓。兵荒马乱之际，盗贼蜂起，不断骚扰地方。在初期对蒙古作战失利以后，金国为了避开蒙古军队的锋芒，于1214年迁都南京（今河南开封）。此后，黄河以北的原金国统治区，金国不能有效控制，地方政权瘫痪，而蒙古军队也未牢固占据这些地方，这样，黄河以北的广大地区处于“荡然无统”的局面之下。在混乱之际，留守的金朝将领或地方民众纷纷组织武装自保，地方豪强成为各占一方的武装割据势力。木华黎原来在长城以北就从事收降安抚工作，收附了一批契丹、女真、汉人的地方武装首领，现在他再次挥师南下，就更加注意各地的地主武装势力。由于战场广阔，战线过长，而手中军队又有限，木华黎深知他手中的十万军队只能驻在战略要地和用于大的战役行动，不能分散到几千里的广袤战线上去。为了建立长久的统治，收揽大量的治理人才，木华黎采取了成吉思汗“招集豪杰，勘定未下城邑”的建议，凡是归降的汉族地主武装首领，一概让他们依旧管辖原有的地盘；金朝官将则维持原职，或者授以更高职位；对于平民百姓，则按照势力大小授以新职。在蒙强金弱的形势下，越来越多的汉人地主武装首领归顺木华黎。

蒙古军队向来嗜杀成性，木华黎挥师南下，虽然难免还有杀掠，但渐渐也有了许多变化。投降蒙古的汉族大将史天倪进言：“中原一带地方大致攻下，但我军仍奉行抄掠劫杀政策，这不符合‘王者吊民伐罪’的古训。国王要平定中原，恐这种政策难为天下人接受，不利于我军从事。”木华黎认为史天倪说的有道理，于是听从了他的意见，下令禁止掳掠，“敢有剽虏者，以军法从事”，并将掳获的老人幼童等都遣返乡里，以示蒙古军队爱民。1218年蒙古军队攻下太原，木华黎派遣大将镇守，并令这些将领修葺城市，“不嗜戕杀，恣民耕稼”，让市肆照常进行。从此，他的麾下建立了禁止剽掠的新纪律，“军中肃然，吏民大悦”，蒙古迅速在中原地区站稳了脚跟。

变掳掠战争为入主战争，表现出了木华黎杰出的政治才能，也展示出了成吉思汗在用人上的慧眼独具。木华黎的智慧在于他从实际出发，根据战事发展的具体需要，因地制宜、有针对性地制定政治方略，而不是一味地遵守传统的策略。这一政治意图的变化，成吉思汗本人也未能料到，他最初率军侵入中原，只是为了进行经济掠夺，不准备进行长期统治，但木华黎将统治中原作为奋斗目标，说明他具有高出常人的政治胆识和首创精神，也显示了他罕见的气魄与胸怀。收买人心胜于战胜百万雄师，金朝为此深感恐慌。

木华黎的稳扎稳打，步步紧逼，使金国无力应对，只得节节退让，龟缩退守到黄河南岸。金国皇帝依靠山河之险，北沿黄河两千余里，集中兵力于潼关附近，将主力分为四部分。四路守军遥相呼应，凭借地理位置的优势，能进能退，于是形成了蒙金隔黄河对峙的局面。

木华黎一面同金军对峙，一面寻求新的出路。1220年秋，木华黎一面留下大军严防潼关金军，一面亲率少量精锐军队进入山东。蒙军奉行招降政策，刚一进入，金国的山东守将严实就背叛金朝投降于蒙古军，把他所统领的彰德、恩博等州全部献给了木华黎。严实的投降，使蒙古不战而取得大片领土，攻略金国的力量由此大大加强。此外，严实的投降还瓦解了金国的军心，木华黎为了进一步瓦解敌军，拜严实为光禄大夫，行尚书事，吸引金国将领投降蒙古。此后不久，木华黎在黄陵岗歼灭金军十万余人，声威大震，不少金将和地主武装见蒙古强大，又善待投降之人，纷纷投靠蒙古。

为了同木华黎抗衡，金国也加强了对地主武装的招纳政策，这加速了北方地主阶级的分化，造成了中原地区数十年的纷争。由于蒙军大力支援各地降蒙武装，在关键时候，木华黎又亲率大军支援，使得降蒙武装能守能攻，进退无忧，很自然地就把蒙军作为强大靠山。而且，木华黎十分尊重地主武装，采用汉人的传统政策，任用一些汉族知识分子从事恢复经济和社会工作，从而稳定了被占地区，使这些地域内的政治、经济得到了一定程度的发展。相反，降附的金国地主武装既没有金军主力的支援，又缺乏金廷的调度和节制，基本上是孤军奋战，无法实现彼此间的通力合作，且内部矛盾重重，摩擦不断，金国逐渐在这场斗争中处于了下风。

在木华黎的进攻下，金国的州县地方政权普遍瓦解。1218年平阳失守后，金国在黄河以北不再设置统一的军政机构。金廷听说木华黎以太原为中心，“为久驻之基”，便采取向地方将领和豪强地主授予高衔的措施，支持他们各保一方、“统众守土”、恢复失地。为了扭转战局，金国行动迅速，在一个月之间封九个地方地主为“公”，且都兼任地方宣抚使。为了使这些豪强地主能够忠于朝廷，金国赐给他们“宣力忠臣”

的称号，并明确表示除已划定所管州县外，如果能收复邻近州县，也归他们管属，鼓励他们进攻蒙古军。但是，金国册封的这些“公”实力有限，彼此又互相不统摄，在同蒙古方面周旋一阵以后，不是被蒙古消灭，就是向蒙古投降。这些人中，金国最为器重的是实力最强的武仙，并让他镇守重镇真定。蒙军集中力量争夺真定，双方经过反复争夺，武仙依据蒙金双方的实力变化而骑墙不定，他先投降蒙古，又投降金国，最后在蒙古军队讨伐下，不得不逃奔汴京，放弃守地。

远在西征前线的成吉思汗时时关注着中原战局的发展，并派信使和木华黎随时保持着联系。成吉思汗对木华黎所取得的巨大战绩，深表赞赏和认同，木华黎派遣使者向成吉思汗报捷，木华黎唯恐自己的势力增大，成吉思汗会有疑心，特别嘱咐使者询问：“木华黎请求停止进军，是不是等大汗回国再歼灭敌军？”成吉思汗斩钉截铁地降旨，让木华黎没有攻下其他城堡时就别下马。使者回去后，木华黎向使者问道：“当你到大汗处报告我的话时，他做什么？”使者说：“他命令将军继续进军，并掰了掰手指。”木华黎问道：“他还说了些什么？”使者说：“他掰手指时，在数他的大将，他把您和博尔忽、博尔术、忽必来、哈剌察儿、赤老温、哲别、者台、把带还有乞失里黑等十人比作他的手指，成吉思汗说‘他们是朕的助手，是朕的能干的、尽心竭力的奴仆，是朕的快马，朕的神箭手，朕的拴到马鞍上的猎狗’。”木华黎听后知道成吉思汗对自己十分信任，深感大汗的知遇之恩，立刻大声地说：“我会誓死忠于他！”

在木华黎的接连打击下，金国难以立足，被迫求和。金国害怕木华黎，于是派使者怀揣国书到西征前线，绕过木华黎直接去向成吉思汗求和。成吉思汗问金使：“我的太师可知道了这件事？”金国使臣不敢欺骗，如实回答，成吉思汗大怒道：“我率军西征，中原事宜完全由太师处理，你们快去问太师去吧。”木华黎知道成吉思汗的愿望是灭亡金国，现在对金作战已取得巨大军事成果，于是拒绝了金朝的求和要求。过了一年，金朝皇帝又派使者远赴西域求和，成吉思汗说：“念汝远来，须割地与我太师，令汝王为河南王，归于太师节制，如何？”这一条件十分苛刻，完全是侮辱金国，抬高木华黎，金国最终拒绝。

1222年冬季，趁着天寒地冻，黄河水面结冰，木华黎率领大军渡过黄河，进入陕西，接连攻克同州、蒲城，然后直抵京兆府城下。京兆府就是今天的西安，古称长安，宋称京兆，位于渭河平原中部，为历史悠久的古城。金朝守将完颜合答坚壁清野，在城周围五十里之内不留一人一畜，并在主干道上遍设障碍物，阻扰蒙古骑兵行动。京兆府历经数百年历史，城墙高大坚固，城上防守严密，完颜合答紧闭城门，死守不出，蒙古军队几次强攻不能得手。此时正当天寒地冻，蒙古大军驻扎在荒原野地上，马少草料，人缺食品。木华黎攻城不下，心急如焚，便领着众将，到周围山坡上侦察地形，不想赶上风暴，大雪堵塞道路，马匹冻伤，历经数天才赶回军营。

此后木华黎竟发起烧来。起初木华黎自恃身体强健，不以为意，没想到接连数周病情竟不断加重。主将生病，军心必定动摇，木华黎命令将士严格封锁消息，悄悄撤军。第二年初春，木华黎率军渡过黄河东返，至山西闻喜县，病重而亡。

木华黎打下了灭亡金国的基础，为蒙古入主中原立下了汗马功劳。自他开始执行的拉拢汉族地主、恢复发展生产的政策，为后继者所承袭，开创了蒙古统治者进入中原后采用“汉法”的先例。成吉思汗知人善任，任用木华黎这样的杰出将领，以权皇帝之名，行皇帝之实，历史上极为罕见，彰显一代天骄的博大胸怀。

木华黎临死前，派人向成吉思汗禀报消息，请他赶快安排人选，征服中原大业不可一日无主将。他还向成吉思汗请罪说：“我追随大汗征战四十年，没有什么遗恨，只恨汴京至今还没有攻下！”木华黎死后，成吉思汗极为伤心，他命令木华黎的儿子孛鲁袭为国王，继承他的未竟事业，继续攻金。

第五章

西　征

第一节　序幕

攻打金国的同时，成吉思汗在西部遇到了一个强劲的对手——花剌子模。花剌子模是当时统治中亚地区的大帝国，疆域辽阔，包括哈萨克斯坦、乌兹别克斯坦、土库曼斯坦、吉尔吉斯斯坦、塔吉克斯坦、阿富汗和伊朗的部分地区，对蒙古西部构成了极大的威胁。亚欧大陆腹地，它是唯一一个能与蒙古帝国抗衡的国家。俗话说："天无二日，山无二虎"，成吉思汗把刀锋指向了他的竞争者。阿拉乌定·摩诃末是西域强国花剌子模的君主，也堪称是一个不世英雄。他继承父业，四处征伐，成了中亚最强大的统治者。当他势力蒸蒸日上之时，成吉思汗也完成了蒙古的统一，正在积极向四方推进。

攻占中都后，成吉思汗曾在那里做了短暂停留，度过寒冬。其间，摩诃末为了解蒙古征服金国后的真实情况，派遣以巴哈·阿丁·吉剌为首的使节晋见成吉思汗。成吉思汗很早就注意了帝国西部的这个大国，密切关注着它的一举一动。成吉思汗想与花剌子模保持良好的关系，于是盛情款待了使团，并表示：蒙古为东方的统治者，花剌子模为西方的统治者，双方保持和平友好的关系，互不侵扰，并表示要与花剌子模通商。为了表示友好，成吉思汗派使者和商队回访了花剌子模国。摩诃末在布哈拉接见了蒙古使者，同意成吉思汗的提议，双方缔结了和平通商协定。

然而好景不长，双方不断发生误解和冲突。首先是哲别受命消灭西辽时，花剌子模抢先占领了讹答剌等大片领地，挑起了两国间的领土纠纷。不久，边界纠纷和武装冲突不断加剧，速不台消灭篾儿乞部的残余势力，胜利回师时，遭到花剌子模军队的追击，蒙古军队不敌，一直后退。速不台知道蒙古与花剌子模订有条约，一再对花剌子模退让，他还派遣使者劝说花剌子模国王，希望双方不要交锋。但摩诃末不听劝告，仍然进军攻击蒙古军队，挑起武装冲突。速不台设下伏兵，大败花剌子模军队，摩诃末都险些被蒙古军队俘虏。回国之后，速不台将此事禀报给成吉思汗，成吉思汗大大表扬了他一番，并加强了对花剌子模的戒备。

一波未平，一波又起，紧接着发生的蒙古商队被害事件使成吉思汗再也不能忍受了。

1218年，成吉思汗派一个四百五十人的商队到花剌子模进行贸易。商队到达花剌子模的边城讹答剌时，其守将亦纳勒出黑因为商队没有尊称他“海儿汗”而大发雷霆，他没收了商队的财物，把四百五十人全部逮捕，并向摩诃末汇报说，他们是成吉思汗派来的间谍。摩诃末对成吉思汗本来就疑心重重，加上亦纳勒出黑添油加醋，便更加担心。他命令将商人全部处死，只留下一人作为活口，故意让他回国通风报信，向成吉思汗报告商队的被害经过，故意挑衅成吉思汗。成吉思汗发怒了，《史集》中这样描述他发怒的情景：

他愤怒地独自登上山头，把腰带搭在脖子上，光着头，将脸贴在地上。他祈祷、哭泣了三天三夜，对主说道：“伟大的主啊！大食人和突厥人的创造者啊！我不是挑起这次战乱的肇祸者。请佑助我，赐我认真复仇的力量吧！”然后他感到了吉祥的征兆，便精神抖擞、愉快地从那里走了下来，坚定地决定将作战所需的一切事情布置起来！

成吉思汗非常愤怒，好心派出商队，却遭到对方的侮辱，他发誓要为死者报仇。但成吉思汗仍然保持着理性的头脑，他不希望双方闹翻，希望双方能够通过和平的方式解决争端，继续保持友好的关系。于是，成吉思汗派出巴合剌等三名使者前往花剌子模，交涉这件事情。巴合剌对摩诃末国王说：“君前与我国约好，保证不虐待我国任何商人，今遽违约，枉为一国之主。如果讹答剌城虐杀商人之事，不是你的命令，请将他交给我国，由我们进行惩罚，否则就是对我国的宣战。”摩诃末狂妄自大，不但不追究守将的责任，还杀害了巴合剌，将另外两名副使的胡子剃光赶回。胡子是蒙古人尊严的象征，剃掉使臣胡子无疑是对蒙古尊严的侮辱，摩诃末采用这种方式，表达对成吉思汗的蔑视。

由于花剌子模国背信弃义地撕毁他所亲口答应蒙古国使臣缔结的和约，蛮横地屠杀蒙古国派往该国进行和平贸易的商队，杀害、侮辱前往交涉的蒙古国使臣，严重侵犯了蒙古国的主权，侮辱了全体蒙古人的尊严，成吉思汗遂动员全体蒙古国人，组成蒙古大军，发动了西征花剌子模国的复仇战争。

成吉思汗对花剌子模的出征并非一时意气，而是有着独特的背景，也是成吉思汗对自己的大汗的威严的维护。

成吉思汗进行征服战争的根本目的，是为了掠夺财富。因此，有人说成吉思汗是一个贪得无厌、欲壑难填的人。中亚的一部史书中还绘声绘色地记载了成吉思汗的一段自白，把他所说的人生最大快乐莫过于“粉碎敌人，追击他们，没收他们的财产，看到他们的亲人在流泪，把他们的妻子和女儿搂在自己怀里”作为成吉思汗贪得无厌的证据。如果单凭此话判断，成吉思汗就是一个被无限的物欲与肉欲驱动的贪婪之人。事实则并非如此。

在西征前，成吉思汗一直想同花剌子模保持和平相处的关系，同穆斯林世界进行贸易沟通。但是花剌子模的一再挑衅，终于激怒了成吉思汗。

成吉思汗非常重视政治关系的光明正大，非常看重对联盟和条约的忠实态度。对于花剌子模屠杀蒙古商人、杀害蒙古使臣，拒绝进行任何解释的行为感到异常愤怒。他心头的怒火熊熊燃烧起来，发誓要对花剌子模帝国进行残酷的报复。此时，维护信仰和恪守诺言，遵守贸易协定的是他成吉思汗，而以野蛮的态度对待他人的是那些突厥—波斯—伊斯兰文化的花剌子模，敌对的形势已无可挽回，武力解决问题的大计已定。

第二节　铁骑出师

强者的生命力就在于不断征服之中，成吉思汗的刀锋指向了他的竞争者——花剌子模。在对这个中亚帝国的交战中，花剌子模在军队数量上处于绝对优势，成吉思汗率领大军，运用战略战术，创造了以少胜多的神话。蒙古的势力进一步扩张，蒙古帝国以“舍我其谁”的气势屹立于亚洲大地。

成吉思汗决定向花剌子模问罪，他留弟弟斡赤斤留守蒙古，自己亲率大军讨伐。西征花剌子模是一项极其严峻的考验，此前成吉思汗还没有走出过蒙古的范围，即使是他所征服的金国的大片领土，也只是蒙古草原的延伸。现在，他将进入中亚地区、亚欧大陆的腹地。这里伊斯兰教盛行，完全是一个未知的世界。而且花剌子模统治着印度北部、突厥斯坦、阿富汗和波斯等广大领土，军队庞大，在数量上要比成吉思汗的军队多得多。成吉思汗决定讨伐花剌子模，不但要打败强大的敌人军队，还要穿越沙漠高山，接受严酷的自然环境的挑战，风险是非常大的。成吉思汗的一些部下也对这场战争心存疑虑，存在着一种不安的情绪，他的宠妃也遂坦率地向成吉思汗指出，征途危险，必须在出征以前解决继承问题，以免发生变故。成吉思汗接受了也遂的进言，表明他对战争的胜利和自己的生死，也没有把握。

1218年秋，成吉思汗调集蒙古大军，做好了进攻花剌子模的一切准备。1219年春天，蒙古大军整装待毕，浩浩荡荡地从克鲁伦河畔出发了。蒙古军队车帐如云，膘马万千，连营千里，五月已抵达阿尔泰山脚下。时值盛夏季节，阿尔泰山遍地野花，山顶常年积雪，卧冰千尺。成吉思汗仰望山峦，感叹大千世界之无限，轻捻胡须，已尽成银灰之色，这时成吉思汗已经五十八岁，在当时已经跨入了老年人的行列。成吉思汗以手抚随征战马，勉励将士须勇猛杀敌，痛快饮酒，方不悔百年岁月。蒙古大军群情激昂，呼声响彻天地！于是成吉思汗下令进军，山顶积雪直没马膝，成吉思汗带头下马，以长袍覆马背，以示爱护。蒙古骑兵纷纷下马铲雪，很快就踏出了一条道路。

一路之上，成吉思汗又征召早已降服的畏兀儿、哈刺鲁等部落的人当兵，军队的数量更加庞大。逢山开路，遇水搭桥，仅在穿越天山西脉时就凿石架桥四十八座！术赤、察合台、窝阔台、托雷以及大将哲别、速不台等同成吉思汗一同进军，蒙古的属国畏兀儿、阿力麻里、合刺鲁也派兵参战，只有西夏拒绝出兵。蒙古总兵力约有二十万人，穿过阿尔泰山后，经不刺、阿力麻里，到达伊犁河，进入了花刺子模的领土。蒙古大军到达花刺子模边堡讹答刺城后，进行四路围攻：察合台、窝阔台进攻讹答刺，术赤进攻养吉干诸城，塔孩阿把秃儿进攻忽毡等城，成吉思汗则和幼子托雷率领中军，渡过锡尔河，直逼花刺子模重镇布哈拉城。

摩诃末得知成吉思汗大军压境，召开了一次军事会议商讨应对之策，最后决定分兵固守。本来花刺子模有四十万军队，蒙古军二十万人，处于绝对优势，但这样一来，其数量优势就不存在了。成吉思汗正是针对摩诃末的这一决定将军队分为四路的。四路大军分别由术赤、察合台与窝阔台、阿刺黑、成吉思汗自己统率，分别进击毡的、讹答刺、别纳客忒、不花刺。战争范围在今天的哈萨克斯坦、乌兹别克斯坦、塔吉克斯坦地区。虽然双方兵力势均力敌，但蒙古军在成吉思汗的指挥下，简直是摧枯拉朽，讹答刺、昔格纳黑、巴耳赤、毡的、忽毡、匝儿讷黑……一座座名城灰飞烟灭。蒙古大军所到之处，都变成一片片废墟。而摩诃末，已经被蒙古军的攻势吓破了胆，一心逃跑。

紧接着，成吉思汗进军撒麻耳干城。花刺子模为防守这座城市做了精心准备。成吉思汗心中也有数，预料到这里将有一场恶战。他没有马上攻城，先分兵肃清了周围地区，除去后顾之忧。成吉思汗亲自围绕着城墙巡视了两三天，熟悉地形。到第三天早晨，他才下令攻城。摩诃末在蒙古军到来之前就仓皇逃离了这座城市，使得花刺子模人心无斗志。结果花刺子模人只守了两天就坚持不住了，不得不献城投降。

成吉思汗听到摩诃末的动向后，派速不台率三万人追击，他命令道：“我命你们去追赶摩诃末，直到追上他为止。如果他率领军队来攻打你们，你们无力抵抗，可以马上向我报告，如果他力量不大，可与他对敌！因为我们不断接到消息说，他怯弱、害怕、心惊胆战，他一定敌不过你们。我为你们向伟大的主的威力祝告，你们不擒获他不要回来！如果他被你们打垮后，带着几个人躲进陡山、狭洞里，你们要像强风吹进他的国土；归顺者可予奖励，发给保护文书，为他们指派长官；流露出不屈服和反抗情绪者，一律格杀勿论！”

摩诃末被蒙古军紧紧追赶，仓皇逃命，根本无暇顾及其他，更不用说组织力量进行有效的抵抗了。他从巴里黑逃到了内沙布尔，又从内河布尔逃到了加兹温。哲别与速不台这两位追击将军则步步紧逼。最后这位曾经独霸中亚的君主被迫出海，躲在一个秘密的岛上。蒙古军队到处搜索未能找到他。但经过这一折腾，摩诃末的精神已接近崩溃，在不久之后就患病而死。他死时连一件像样的衣服都找不到，只能被人用衬衣包裹，草草埋葬了事。当年的一代枭雄，何曾料到会有这等凄惨晚景！

同摩诃末相比，他的儿子札兰丁是个杰出的人物。他坚决反对父亲的逃跑主义，主张领导军队抵抗。摩诃末认为这是以卵击石，不但自己不抵抗，就连札兰丁提议由他自己领军防守的建议也没有听从。就这样，一家人仓皇西奔。临死的时候，摩诃末才认识到自己犯了一个严重的错误，他开始觉醒，将几个儿子叫到面前，废掉了太子斡思剌黑，并为没有采纳札兰丁的建议而后悔。为此他认为“非札兰丁不足以光复故国”，遂命札兰丁继承皇位，并亲自将佩刀系在札兰丁腰上，命诸子发誓，保证今后忠贞不二。

札兰丁回到了自己原来的封地，他加紧组织军队，很快拥有一支十万人的大军，声势远震。成吉思汗一心要消灭他，便派义弟失吉忽秃忽等人带三万人去征讨。在今阿富汗喀布尔北面不远的八鲁湾一带，蒙古军与札兰丁的精锐遭遇，发生了历史上有名的“八鲁湾之战”。

札兰丁指挥占优势的军队对蒙古军发动了猛烈攻击。由于孤军深入，也由于众寡悬殊，蒙古军大败，死伤无数。成吉思汗闻讯后大为痛心，决定亲征。

札兰丁在八鲁湾取得了空前的胜利，但在分配战利品上，他的部下们闹起了别扭，有两个主要将领竟然为了争夺一匹战马而大打出手，其中一人一怒之下率众离开札兰丁而去，使札兰丁实力锐减。

在范延战斗中，察合台的长子莫图根阵亡，成吉思汗为了报仇，将城内的居民全部杀死，并把该城改名为卯危八里，意为歹城。札兰丁见成吉思汗来势凶猛，于是将主力撤退，成吉思汗命窝阔台镇守哥疾宁，率大军追击札兰丁。

1221年十月，成吉思汗与札兰丁大战于申河北岸。成吉思汗采用中间突破的战术，先用两翼攻击敌人，再派主力大军从中路突破，札兰丁的军队被冲乱阵形，六七万大军全军覆没。札兰丁奋不顾身，在蒙古军队中来回突杀，如入无人之境。成吉思汗远远在高地上看到札兰丁如此年轻有为，十分感叹，要部下将他活捉回来。这时花剌子模的军队已经死亡殆尽，札兰丁见败局已定，无力挽回，打算渡河到印度避难。正当他筹备船只渡河时，成吉思汗的人马赶到了，把札兰丁的人马团团围住。札兰丁背水一战，殊死冲杀，怎奈蒙古军人数密集，战至最后，他只剩下七百多人，而这些人也在一排排地倒下。札兰丁见大势已去，换上了一匹新战马，背负盾牌，跳进印度河中。经过一番挣扎，竟然游到了对岸。成吉思汗目睹这一幕，不禁大为惊诧，他摸着胡须，对儿子们说："生儿当如斯人！他既能从这样的战场上死里逃生，日后定能成就许多事业，惹起无数乱子。"

成吉思汗不会容忍自己的对手活在人世，他必欲消灭之而后快。尽管他佩服札兰丁，还是派了一大队人马过河追击。但这次成吉思汗不够走运，他的对手直到1231年蒙古军队再次西征时才战死，而那时成吉思汗已经死了四年了。

这一战以后，对花剌子模的战役基本结束。成吉思汗命长子术赤镇守所占的大片领土，并在各城设置镇守官达鲁花赤，对广袤领土进行治理。达鲁花赤是代表大汗意志的军政、民政和司法三位合一的官吏，他们依据成吉思汗颁布的《大扎撒》为根本，结合当地传统行使统治权。成吉思汗实行宗教宽容政策，尊重伊斯兰教徒的信仰，经过一段时间的发展，中亚地区又恢复了以前的繁荣景象。

成吉思汗很快平定了各个地方，将一个个国家纳入到蒙古帝国的疆域之中。一个人类历史上空前绝后的大帝国，就这样诞生了。

第三节 屠城

按照游猎民族的习性，打猎就是为了获得生存所需的财产，作为打猎行为的延伸，成吉思汗便是将进攻、战胜、杀戮、掠夺、焚毁、放弃作为天职。这一点在统一蒙古草原时尚不明显，因为征服其他游牧部落，除了战胜、必要时的杀戮，以及掠夺之外，没有什么东西可以焚毁。而当南下攻打金人所在的各大中原城市时，蒙古人充分表现出了作为未开化民族野蛮的特点，缺乏对文化及城市、农民（总之是草原生活以外事物）的起码认知，每攻入一个城市，轻则掠夺财产，重则屠城、焚毁城市，尤其对于那些因抵抗或欺骗蒙古军队的城市居民，进行着灭绝人性的屠杀。

成吉思汗在统一蒙古和对外战争中，对待敌人通常是极其残酷和血腥的，他认为断绝后患的最好办法就是将敌人全部歼灭，不但在战场上大肆厮杀，在战争结束后甚至要进行整座城市的屠杀。他害怕生存的老百姓会与他作对，生存的战士会与他作对，敌人的子孙后代会与他作对，所以干脆对整个的战败部落、城市或者民族大开杀戒，彻底屠杀干净，斩草除根，永绝后患。

1220年，五万名士兵随成吉思汗进攻撒麻耳干城，五万多将士永远留在这片土地之上。他们的血染红了绿洲，也惊骇了城内的守城者。所有的抵抗之心在瞬间瓦解殆尽，士气前所未有的低落。他们知道，城墙和城门迟早将被攻破。城外，蒙古骑兵正驱赶数以万计同胞运送土石和树木，填塞护城河，护城河很快就将被填平，城破近在眼前，一部分人开始动摇。在一些动摇将领们的劝说下，城主脱海汗决定投降。他们觉得，自己是突厥人，与蒙古人同种，必会被蒙古人以同胞对待。他们派出城内的法官和教长，向成吉思汗请降，得到了成吉思汗的接待。次日，议和成立，撒麻耳干的城门终于在蒙古军的面前敞开。但仍有一千多人退守内城，誓死不降。

蒙古军冲入城中，将投降者全部驱赶出城，随即以切断水源，纵火焚烧的战术将他们全部消灭。在这一场恶战中，撒麻耳干全城被焚毁大半，包括著名的大清真寺也同样毁于战乱之中。这一切只是一个开始。失去战斗意志的人们已没有任何坚守下去的信心了，蒙古军那无情的杀戮犹如恐怖的战锤，将所有的勇气砸得粉碎，不久撒麻耳干城全城覆灭。而成吉思汗在通过名为“祈祷门”的西北门进入撒麻耳干城后，立刻下令拆除城墙，并将全城的财富掠夺一空。然后，成吉思汗下令处死了以脱海汗为首的全部降兵。他不能容忍背叛，哪怕是这些突厥人与蒙古人有着怎样相近的血缘。他们为了一己的性命而出卖了整个城市，他们没有生存的理由。

连续七天的恶战中，全城的居民死亡惨重，城市遭到了彻底的破坏。那个焚烧之夜对于成吉思汗本人来说，则更近乎一场噩梦。黄澄澄的火舌吞吐着殿堂楼宇，烤焦了整个漆黑的夜空。垂死的惨呼和哀号通宵达旦地震撼着四野。直到天色发白，成吉思汗来到羁押着幸存者们的城外旷野之中，这里还留存着五万多名老幼妇孺，三万名工匠和三万壮丁已经被征发，编入了蒙古军中。

此后，撒麻耳干城一带一百多年荒无人烟。

第四节　帝国后事

历代帝王无不为王位的继承问题而苦恼，因为争夺帝位，父子反目、兄弟残杀的惨剧比比皆是。在这个最为棘手的问题上，成吉思汗显现出了他对理性和情感的游刃有余。他找到了处理继承权问题的根本办法，那就是尽量拓展自己帝国的版图，留给后代尽可能多的利益，用辽阔的封土，去维护子孙后代的团结一心，避免纷争。所以，他不顾年迈体弱，四处征讨，拓展疆土，为了后代们把利益这块蛋糕尽量做大。只有这样，才能既满足自己征战的血性，也能满足子孙后代的欲望，从而有效地避免了自相残杀局面的出现。

从秦皇汉武到唐宗宋祖，一直到清圣祖康熙，无论这些声名远扬的帝王创造了多么大的丰功伟绩，他们身后的皇位继承问题，无不交织着一场场刀光剑影的政治斗争。秦始皇是中国历史上的第一个皇帝，但是他刚死不久，儿子胡亥就伙同宦官赵高把自己的亲哥哥扶苏杀死，始皇帝的尸首臭了也没有人管，竟然要和发臭的咸鱼放在一起。汉武帝的文治武功是有目共睹的，但晚年却被立太子一事搅得焦头烂额，“巫蛊之祸”后太子被杀，皇后遭废，最后不得不选定年幼的孩子，将刘家天下委托于大臣手中。李世民是一代明君，但他的皇位是通过杀死哥哥、逼迫父亲取得的，他晚年为皇位的继承问题也心急如焚，甚至一度想自杀了事，即便如此，他费尽心思的安排仍避免不了武周代唐的曲折，大唐江山几乎被一个女子夺去。宋太祖赵匡胤发动陈桥兵变，黄袍加身就做了皇帝，为了保全自己的尊位，无所不用其极，但“斧声烛影”，防来防去最后死在亲弟弟手下，真是防不胜防。再看看其他开国之君，汉高祖刘邦大肆诛杀功臣勋将，又立下白马之盟，但是政权仍然难保，死后没过几年就发生了“诸吕夺权”，要不是周亚夫等人“愚忠”，刘家的天下就会变成吕家的了。明太祖朱元璋担心继承人软弱，不能对付跟随自己久经沙场的老将，于是大杀功臣，防止重蹈前朝覆辙，结果自己尸骨未寒，儿子杀了孙子，发生了惨不忍睹的窝里斗。康熙帝可谓一代圣主，但晚年为立嗣一事大伤脑筋，太子立了废，废了立，最后再一次废掉，害得自己重病一场，撒手归西。“九王夺嫡”，雍正帝即位也成了历史上一段不解之谜。纵观这些骁勇的帝王，对阵杀敌游刃有余，一到寻找接班人的问题，就乱了阵脚，中国古代圣君贤主，几乎都陷入了继承危机之中。

成吉思汗却是一个例外，在皇位继承人的选择上没有发生流血冲突，在帝王中成为很幸运的一个。他当然也在选择继承人的问题上受到过困扰，但一旦决定之后便没有再生风波，到他去世之时，整个幅员辽阔的蒙古帝国仍然稳定有序，不像某些皇帝一样，未死之时已经殚精竭虑，死后也没有得到善待。成吉思汗之所以这么幸运，最主要的原因是他知道子孙相互残杀，根本目的不过是为了利益和权力。由于子孙繁衍，血亲关系越来越淡薄，人口越来越多，争夺权势必会更加激烈。为了避免这种局面的出现，成吉思汗尽量把疆土扩展，把利益这块蛋糕做大。

保证每个人都能分得很大的一块，满足了他们的要求，自然就会减少他们的争夺。所以，即使到了晚年的时候，成吉思汗不顾自己年老力衰，哪怕到了生命的极限，仍然在到处征讨。几十年的四处征讨功绩显赫，他攻占了上万平方公里的土地，统治的人民成千上万。所以，当他去世的时候，他有广阔的领土分给后代，四个儿子都分得了一块巨大的封地，形成了相互独立的王国，大大避免了骨肉相残悲剧的发生。

成吉思汗很早就开始从四个儿子中物色继承人，但是一切都是在悄悄地进行，他只是在暗地里观察，没有向任何人透漏自己的想法。可想而知，要在自己的几个儿子中评出个孰优孰劣来，是一件很棘手的事情，成吉思汗也为这件事很苦恼。他的爱妃也遂发觉了成吉思汗的心事，在西征之前，也遂皇后正式向他提出建议，认为应当早些册立接班人，以备不虞。成吉思汗对西征的惨烈有心理准备，他知道这一去山高路远、环境恶劣，敌人的力量又十分强大。成吉思汗不顾一切地去征服花剌子模，哪怕自己送了命也在所不惜，再则他感到自己已经年近花甲，立储只是迟早问题，晚立不如早立，有备无患。成吉思汗不像某些中国皇帝那样忌讳“死”这个字，更不许别人提自己的死，他听从了妃子的劝告，不仅没有生气，反而大加褒奖，夸她说出了一个最重要的问题。从这里可以看出成吉思汗的理智，其实他早已发现儿子们为了汗位已经较上了劲儿，只是不敢当着他的面公开斗争而已，大臣们也不敢提这件事，因为既害怕得罪了成吉思汗，又害怕得罪了他们当中的任何一个。

成吉思汗是一个高明的政治家，因此他在选择接班人问题上绝对不会草率决定，更不是以哪一个更残暴，更野蛮，更善于攻城略地、屠杀征战为标准。他之所以选择窝阔台为继承人，是有着自己的深远考虑的。术赤、察合台都是有名的统帅，打过许多次胜仗，立下了汗马功劳，而窝阔台在比狠斗勇这方面并不见长，他为人沉稳大度，心胸开阔，心地比其他兄弟三人都更为善良，是一个政治家的天然材料。成吉思汗深知做大汗不能只擅长骑马打仗，更重要的是要会收服人心、知人善用，治理国家，这样一来，他当然对窝阔台青睐有加了。

成吉思汗首先把四个儿子召集起来，向他们说明要从他们当中选出一个继承人来。四个儿子都表示听从大汗的安排，站着不动，于是成吉思汗要长子术赤先发表意见。术赤还没有说话，察合台就把矛头指向了他，他指责术赤不是成吉思汗的亲骨肉，没有资格说话。术赤十分生气，两个人互不相让，扭打在了一起。其实，察合台攻击术赤，根本原因不在于术赤的血缘问题，而是他利用这一借口能把年长功大的术赤从汗位继承的竞争者地位上挤出去，在余下的三兄弟中，他的功劳最大，年龄最长，当然是最有优势的了。察合台操之过急，方法也过于笨拙，就是成吉思汗有意选他为接班人，这时见他如此鲁莽，也就不会再选他了。如果说在此前成吉思汗选择窝阔台还有所顾忌，术赤与察合台这一闹，窝阔台当然就顺理成章，无可挑剔。成吉思汗知道如果把汗位传给术赤或察合台二人中的任何一个，在他去世之后都会发生不堪设想的后果，轻则兄弟反目，重则帝国分裂。于是他立即制止了兄弟二人的争斗，责令他们好好反省，务必以兄弟团结为重，在征求了大家的同意之后，成吉思汗推荐窝阔台做接班人。

继承人问题就这样初步定了下来，但成吉思汗还是有所犹豫。尽管他十分欣赏窝阔台的才能，但成吉思汗对拖雷的情感似乎更深一些。十指连心，虽说每个子女对于父母都是一样的，但为人父母者一般还是对幼子幼女要娇宠一些，这有深刻的心理因素。成吉思汗也是如此，在四个儿子中，他最疼爱幼子拖雷。成吉思汗率诸子征战的时候，往往是与拖雷共领一支军队，这样拖雷既能照顾父亲，又能够从父亲那里学到很多东西。成吉思汗对拖雷过于宠爱，曾对他说："你将拥有我的营帐、地盘、军队和库财，这个地位对你更好些，因为父的儿子将比其他诸王更为独立和强大。"有一次，窝阔台和儿子贵由请成吉思汗封赏，成吉思汗竟说："我什么也没有，所有的一切都属于拖雷，他是家产和大帐的主人，他掌管一切！"窝阔台无言以对。成吉思汗曾经很长时间思考选择窝阔台还是拖雷这个问题，《史集》写到这时说：

"成吉思汗在让谁继位的问题上动摇不定。有时，他考虑传位给窝阔台，有时则想到小儿子拖雷。"

这是理智与情感的冲突。成吉思汗这种矛盾的心情是外人所难以体会的，他又难以就此事征求别人的意见，只能自己斟酌。但他毕竟是一个有胆识的政治家，最后毅然决定选择窝阔台做自己的王位继承人。成吉思汗的选择没有错误，但是他死后的形势还是发生了一定的变化，窝阔台费了相当一番周折才当上了大汗。这时候，成吉思汗的余威尚在，大臣武将们还顺从他的遗愿，窝阔台之子贵由也因此沾了光，在窝阔台之后继承了汗位。但是此后窝阔台这一支血脉就衰落了，仅保留了一块"窝阔台后王封地"。拖雷一支人丁旺盛，蒙古草原与中原大地都成了他们的天下。成吉思汗的长子术赤死得虽早，但是他的儿子拔都却英勇无比，一直是蒙古各支力量中最有势力的人之一。他创建的金帐汗国幅员辽阔，地跨欧亚两大洲，统治持续了近百年。

成吉思汗的偏爱给了拖雷发展的可能。拖雷虽然自己没当上大汗，他的子孙们却能够依靠雄厚的实力问鼎汗位。窝阔台虽然得到了汗位，但是他得到的封赏却远没有弟弟多，实力也逊于拖雷。成吉思汗临死前对儿子进行了最后一次分封，其他三个儿子都是三千户，唯独拖雷得了一万户，而且得到了蒙古本部"根本之地"的领有权。蒙古人有幼子守家的传统，这样做顺应了蒙古的传统，却给继承汗位的窝阔台出了难题。他的钱少兵寡，在兄弟中不占优势，虽然高居汗位，权威却无法和成吉思汗相比，也无法支配其他兄弟。

成吉思汗虽然安排了汗位的承继，却没想到这种实力分配的不均带来了如此大的麻烦，这为以后的形势变化埋下了伏笔。成吉思汗的四个儿子实际上分为两派，察合台与窝阔台一伙，拖雷与术赤是一伙，两派保持着表面上的平和，在势力划分上却泾渭分明。察合台积极支持窝阔台称汗，拖雷与拔都慑于成吉思汗的遗命才不敢发作。到贵由时，拔都没有参加传承汗位的忽里勒台大会，对贵由称汗的合法性表示怀疑，拒不受命。贵由死后，拔都主张拖雷的儿子蒙哥即任汗位，反对窝阔台系后人继位。拖雷一系继承了成吉思汗的大部分家产，是实际上的帝国领袖，拔都与蒙哥联手，实力强大，忽里勒台大会无法同二人对抗，被迫选举蒙哥为汗。察合台与窝阔台两系的宗王们不甘失败，他们阴谋造反，结果被蒙哥残酷镇压，共有二十多名成吉思汗的直系后代被处死，其他的王室宗亲或被流放，或充军，经过这次打击，窝阔台与察合台的势力土崩瓦解，拖雷一系则如日中天。

成吉思汗生前一再谆谆教导四个儿子，不可骨肉相残，并对此进行了煞费苦心的安排。在他死后的几十年里，成吉思汗的后代始终维持着表面上的团结，没有发生流血冲突。但是当窝阔台一代的人相继去世后，这种争权夺利的正面冲突不可避免地发生了。与中国的其他一些帝王相比，这种事情发生在成吉思汗去世的几十年之后，已是十分难得的了。

蒙古帝国迅速兴起，又在顷刻之间土崩瓦解。因此有人说蒙古帝国是人类历史表面刮过的一次狂风，风暴过后一切如故。这只是讲了一个时间的概念，却没有深刻理解这一帝国的深刻内涵。实际上，世界帝国的灭亡不是被推翻的，而是自我分裂造成的。成吉思汗分建四大汗国，虽然四大汗国并立相存，但蒙古大汗仍然有着无上的权威，帝国仍维持着实质的统一。但从忽必烈称汗起，他的势力所及只能到达中亚一带，以西以北的广大土地如伊儿汗国、金帐汗国实际上已经脱离了大汗的控制。此时，世界帝国虽然名存实亡，但成吉思汗的子孙依旧统治着四分之一的世界，而不像有的王朝，一旦产生分裂，就烟消云散了。这恰恰正是成吉思汗的高明之处。

成吉思汗到底是怎么死的，这本来不应成为问题。1227年攻打西夏，他在激战中坠马受伤，又加上天气炎热、水土不服，身染重病。当年成吉思汗是六十五岁，即使算不得高龄，也算是花甲老人了。这么大的年纪鞍马劳顿，身染重病并非不可思议之事。然而在史书的记载之中，旧时成吉思汗去世一事也出现了分歧：

一种说法是他在征西夏前狩猎野马，他的马为野马所惊，致使落马受伤，伤久不愈，又染重病，不治而死。一种说法是遭雷击而死。

马可·波罗则认为他是在攻打一座城堡时膝部中箭，负伤而死。

这几种说法都缺少依据。倘若他在征西夏前受伤，而伤口又没有愈合，他何不等伤愈再出征？征西夏便用了一年多时间，他的伤不可能持续这么长时间的。至于说雷击，大概是被征服者诅咒之辞。中箭身亡，对于征战沙场中的勇士而言实在是很平常的事，而有材料说成吉思汗确实在一场战斗中受伤，至于是箭伤还是摔伤，已经无法考证，但后果都差不多。《蒙古秘史》中记载成吉思汗落马受伤染病不治，而这本书是关于蒙古族和成吉思汗最早的记载，成书于窝阔台汗之时。《马可·波罗游记》则成书于马可·波罗来中国又回去以后，时间已经差了半个世纪，再加上他们的消息多有道听途说、渲染附会之嫌。说《蒙古秘史》中的说法正确似乎更合情理。

民间还有一种传说：

成吉思汗在征伐西夏时俘获了西夏王妃库别路金豁阿。这个王妃陪成吉思汗睡了一夜，趁其睡熟之机将他刺死，而她本人也自己跳入黄河。俄罗斯探险家塔宁在搜集蒙古传说时把这个故事改为王妃为了替夫报仇，趁成吉思汗睡着时割下他身上的一块肉跳河自杀了。这个传说更带有浪漫色彩和悲剧气氛。

日本学者小林高四郎认为："还是服从《蒙古秘史》的记载为好。自幼惯于乘马的成吉思汗竟至落马，这说明他的肉体已在渐渐衰弱。事实上在过去的1223年2月，在西城撒拉依河东北三日程的东山狩猎时，因射猎大头野猪也曾落马。再加半年前死去了长子术赤而悲痛，无疑也促使了他的衰老。"

成吉思汗死后葬于何处，不仅民间有各种传说，学者也曾做过激烈的讨论。一般都认为伊金霍洛旗的成吉思汗陵是成吉思汗墓地所在，如今是人们凭吊这位伟大英雄的唯一场所。

伊金霍洛，蒙语的意思是安放成吉思汗和孛儿帖灵柩的地方，伊金霍洛旗便由成吉思汗陵而得名。成吉思汗陵为什么在这个地方？蒙古人中流传着这样一个美丽的传说：

成吉思汗最后一次征西夏时，行进到一个名叫布尔陶勒盖的地方，手中马鞍突然掉到了地上，马夫赶忙跑过来要捡起来，成吉思汗阻止了他，向四周瞭望了一下说道："我看这儿是花角全鹿栖息之所，戴胜鸟儿孵化之乡，衰落王朝振兴之地，白发老翁享乐之邦。这儿真是风水宝地，我死之后，一定要葬在这个地方。"

成吉思汗死后，送葬车队来到这里，车轮陷入了泥泽之中，人们想起了他曾说过的话，决定把他安葬在这里。

这两个故事在《蒙古秘史》与《蒙古黄金史纲》中都有记载，看来并非子虚乌有。

伊金霍洛旗有多处纪念成吉思汗的地方，其中巴音昌霍克河西面的包日陶勒盖和甘珠尔敖包上的宫帐为"大伊金霍洛"。"八白宫"又称"八白室"，表面上是说八座宫帐，实际上是指供奉在宫帐中的"神物"，这些神物包括成吉思汗骑过的宝马、弓箭、仓库、祭天的大奶桶，还有忽兰和也遂两位汗妃的画像。蒙古人民对这些东西奉若神明，每年都要举行盛大祭礼，把这些"神物"请出来，到草原各地巡游。人们见到它们，就好像见到成吉思汗一样。这种巡游表示成吉思汗还活着，还统治着草原人民。

成吉思汗与孛儿帖的灵帐建在双层花岗岩石座上，由前后两个宫帐构成。宫帐之中放有一张灵桌，桌子上放着两个箱子，下面的一个放有食盐，上面一个放有松柏。成吉思汗的灵柩就放在这两个箱子之上。宫帐之中还放置了许多珍贵的宝物。所谓的“灵柩”是在一个匣子中放一个骨灰袋，灵柩中根本就没有骨灰，成吉思汗陵无非是个衣冠冢。

蒙古族人对成吉思汗一直保持着规模盛大的祭祀传统。在伊金霍洛旗有一批成吉思汗陵的“守墓人”，这些人叫沙日达尔哈特。据说忽必烈为纪念祖父，定下了祭祀成吉思汗陵的规矩，同时从各地抽调了五百户到这里来负责守墓与祭祀工作。这些人就是沙日达尔哈特。他们对陵寝要不分昼夜地看守、打扫、祭奠。蒙语“达尔哈特”是神圣的意思，“沙日尔”是“黄色”之意，因为他们是由忽必烈用黄册所封故有此称谓。他们从元初到二十一世纪，已经忠实地守卫了七百多年，在世界上所有的伟大人物中，有谁像成吉思汗这样得到后人如此的尊敬与爱戴呢？

成吉思汗的祭礼是蒙古人最为隆重的典礼，大的有年祭、季祭，小的还有各种“神物”的祭奠，如“盛如祭”“禁奶祭”“皮条祭”“公羔祭”“黑纛祭”“白骏祭”等等。几乎每项祭奠都有一个生动的传说。

蒙古族人民这么劳心费神地祭祀成吉思汗，难道他真的葬在伊金霍洛？

较为可信的说法是这儿只留下了成吉思汗的一些遗物，而成吉思汗本人则被安葬在蒙古草原之上。史书中说这儿只有一件衫子、一只袜子和一座房子。但蒙古族人民则深信成吉思汗就葬在鄂尔多斯的草原之下。

鄂尔多斯草原确实很吸引人。为什么在这形成了成吉思汗陵，这本身就值得研究。成吉思汗在此地丢下马鞭极有可能，因为当时他已六十四岁，身体也不好，所以请了全真教的长春真人丘处机，向他求教养生之道。老人的手有时不好使是常有的事。马鞭掉到地下之后，成吉思汗感慨即生，心知手都不堪使用，大去之日不远矣，一见鄂尔多斯草原水丰草美，便随口说了死后葬身于此的话。这话也许是半开玩笑，但他的亲人、大臣们还是当了真，只是考虑到大汗必须回葬草原，便在这儿建了个衣冠冢。到了蒙哥与忽必烈时，蒙古帝国的统治重心南移，伊金霍洛这个衣冠冢也就以假乱真了。而真正的成吉思汗陵则在天边的草原之上。按照通行说法，成吉思汗的尸体被深埋于地下，地面被马踏平，长出草后与别处无异。元朝皇帝都是这种葬法，成吉思汗也不应例外。

鄂尔多斯草原确实有很多蒙古贵族葬于此。据说别勒古台的墓地就在这儿。后来比较有名的达延汗也葬于此。

成吉思汗的一些遗物居然被人们祭祀了七百多年，这种活动今天还在继续，可称得上是千古奇事了。对于蒙古族人民来说，成吉思汗葬在这里与否已不重要，只要能表达他们对这位盖世英雄的崇敬与怀念就够了。蒙古学者波·仁钦到伊金霍洛旗考察时感慨道：

> “即使这里是存放衣衫、府邸的衣冠之冢，可是居然能将八白宫保存几百年，也算是我们全体毡帐之民的荣幸，现在普天之下的毡帐之民中，像这样的历史文化遗迹还是首屈一指的。”

这不能不说是一个奇迹，然而这个奇迹归根结底还是因为蒙古族中出了成吉思汗这个“奇迹”！

成吉思汗的灵柩被运回大漠，据说为了保密，路上碰到的一切人都要杀死，共有一千多人不明不白地做了成吉思汗的殉葬品。到了大漠以后怎样，史书就再也没有说明。《蒙古秘史》中提到了起辇谷，多数学者认为这是寻找成吉思汗墓地的重要线索。

二十世纪初，几位中国学者为了弄清成吉思汗的埋葬地所在曾经到伊金霍洛旗考察，结果不了了之。到现在，学术界仍然不时有这方面文章发表，埋葬地问题成了成吉思汗研究的一个重要内容。关于成吉思汗是葬在伊金霍洛旗、六盘山还是肯特山，一直有不同的说法。但大多数人倾向于肯特山。

除了中国学者外，蒙古及前苏联学者也十分热心。二十世纪初，蒙古科委主席欧·扎姆颜就致力于研究成吉思汗出生地与埋葬地问题，并得出了成吉思汗葬于肯特省达达尔县古尔班湖附近的结论，得到了学术界的肯定。成吉思汗葬于肯特山区这一点已没有疑义，问题在于到底在肯特山区的什么地方。此后，有不少国家的考古队和探险队多次来到肯特山进行考察，希望能找到成吉思汗墓的具体位置。

二十一世纪初，由美国商人克拉维茨与芝加哥大学历史学家伍兹领导的考古队，在蒙古首都乌兰巴托以北三百二十公里的地方，发现了一座古墓，他们认为就是成吉思汗的墓葬。他们获得蒙古政府批准，在古墓地点展开挖掘，但因为遭到大多数人的反对和挖中遇到的困难，不得不中止。

蒙古科学院考古研究所在二十世纪九十年代初对阿布拉格遗址进行了详细考察。从2001年开始，蒙古考古学家又与日本国学院大学联合对遗址进行挖掘，以寻找成吉思汗的冬宫所在。经过挖掘，他们发现了四层建筑物的地基，认为这里可能就是成吉思汗的冬宫。蒙古和日本联合考古队在蒙古国肯特省德勒格尔汗县的阿布拉格宫殿遗址上，发现了一个可能是用来祭祀成吉思汗的祭殿，他们由此推测成吉思汗陵墓可能就在方圆十二公里内。

尽管到目前为止，关于成吉思汗埋葬地的确切位置还无法得知，但已经有了基本的线索。通过近些年的研究，学者得出了两条结论：

第一，成吉思汗葬在肯特山脉南面的山坡上，在呼和淖尔湖附近，在博格达河的上游。《蒙古秘史》中所说的不儿罕山正是肯特山的一部分。学者们作了大量的实地考察，研究了地域状况以及道路能否通过运送灵柩的马车的问题。考虑了多方面的因素，最后认定，不儿罕山可能就是肯特山。因为《蒙古秘史》还提供了一条线索，该书中多次提到腾格里豁河发源于不儿罕山，而腾格里豁河正是博格达河，博格达河又正好发源于肯特山。

第二，也有可能位于肯特省饮赫尔满都拉县境内。境内奴姑恩·奴鲁山坡上的圆形墓地离饮赫里河发源地包尔胡尔干泉不远，饮赫里河就是古连勒古河，即起辇谷。成吉思汗生前曾多次来到这里。《元史》中说成吉思汗家族的坟墓就在此处。“圆形墓地”是不是与成吉思汗墓地有关呢？运用地名学的知识也可以得出证据。“圆形墓地”又称“沙里嫩·圣骸”，恐怕也只有皇帝、大汗敢这么称呼了。

但到底成吉思汗陵在什么地方，至今谁也无法给出确切回答，学者们正在努力，相信使“一代天骄”重见天日那天已经不远了。

其实，关于成吉思汗到底葬在什么地方，很多人更关心的是里面埋藏的财宝，或者是一些有助于研究历史的材料，对于我们理解成吉思汗，没有特别的帮助。倒是他留下的这个谜本身，就足以说明了他的伟大。

几乎所有的征服者都给后人留下了似乎永远解不开的谜团。成吉思汗也不例外。他是一个世界级的伟大人物，堪称人类英雄中最为出色的一个，他的丰功伟业自不必赘述，其埋葬地在哪里就是一个真正的千年之谜！

第六章

天下英雄

第一节　雄才伟略

在蒙古高原之上，
谁曾驭千军万马？
唯有英雄！
谁曾建千秋伟业？
唯有英雄！

成吉思汗是英雄中的豪杰。他的人生，是一部传奇；他的功绩，彪炳史册。试问几百年后，谁能淡忘曾经改写草原和中华大地历史的成吉思汗，谁能忘记曾经地跨亚欧的蒙古帝国？望茫茫草原，那里隐隐地有铁骑急蹄的声音；听草原牧歌，那里传唱着草原英雄的传世民歌。

成吉思汗有英雄之志，也有英雄之能。少年时的成吉思汗善于骑射，是草原上有名的射雕英雄；中年时的成吉思汗雄才伟略，是草原上的一代枭雄。他的英雄魅力不仅表现在个人的英雄神武，而且体现在统率三军的调度自如。

强悍不是成吉思汗成功的关键因素，实际上，在更多的时候，他都是一个弱者。无论是篾儿乞部、泰赤乌部、塔塔儿部、乃蛮部、札木合、王汗，还是后来的西夏、金国、花剌子模，从实力上说，都比成吉思汗强大。如果把斗争看成是简单的角力，就无法触摸到历史运动的真正脉搏。从这位世界征服者身上，我们更应看到的是，他非凡的领袖魅力。

成吉思汗善于发现人才、识别人才，熟知人才的品德、才能，依据人的才识分别使用。成吉思汗的知人之明，使他成为一位从草原上白手起家、统一草原进而雄霸大半个亚洲的君主。成吉思汗有着杰出人物的基本素养，所以能够有如此非凡的功业，从他几近一生的征战生涯，我们可以窥视他知人善任的品质。

在他手下，那些勇猛果敢的人当上了将军，那些伶俐的人，管理了家属、辎重营盘、财产和马群。相反，那些粗鲁无知的人则挨了鞭子，被派去放牧畜群。将每个人的职位依据才能而确定，成吉思汗的事业逐步壮大，日新月异地兴旺发达起来，终于成就了席卷天下的庞大帝国。

对木华黎的使用是成吉思汗知人善任的一大表现。1196年，木华黎被父亲送给成吉思汗做守门的奴隶，木华黎朝夕同成吉思汗相处，渐渐崭露了头角。木华黎多年随同成吉思汗征战，立下了汗马功劳，成吉思汗深知他也是个智勇双全的人物，视他为自己的左膀右臂。在统一蒙古的过程中，木华黎屡建战功，成为成吉思汗最重要的将领之一。1206年蒙古建国后，成吉思汗封木华黎为左翼万户长兼怯薛长，1216年，又命他率领数万军队征辽西。木华黎每次出征必建功立业。成吉思汗赏罚分明，后来又封他为太师、国王，赐誓券、黄金印，许以“子孙传国，世世不绝”，让他世世代代把爵位传承下去。成吉思汗将札剌亦儿、亦乞列思、汪古等部的蒙古军约二万余人以及契丹、突厥、汉军等八万多人划给木华黎统率，赐给他御驾才用的九游白旗，让他承制行事，将继续征金的权利交给了他。成吉思汗对木华黎授权之大、信任之深，不但给予了极高的名位，而且给予了实际的领兵、治地的权力，为历代帝王所不能及，真正做到了“疑人不用，用人不疑”的坦诚作风。

对博尔术的任用是成吉思汗知人善用的另一表现。成吉思汗与博尔术是少年时期就相识的患难之交，数十年来二人建立了深厚的友谊。成吉思汗熟知博尔术的人品与才能，知道他是一个忠勇智慧的将才，在称汗后就任用他为护卫队长，负责自己的安全防卫工作。成吉思汗仇家很多，曾经屡次遭人暗算，为了以防不测，他在被推举为乞颜部落的汗后，便建立了一支小规模的禁卫军，称之为“怯薛”。“怯薛”全是由蒙古的精锐骑兵组成，由于直接负责大汗的安全，责任重大。成吉思汗信任博尔术，便让他统领禁卫军负责自己的保卫工作。成吉思汗说：“只有博尔术亲自为他值宿，才能安枕无忧。”这是他对博尔术最大的信任。后来成吉思汗把“怯薛”扩大到一万人，按照蒙古十户、百户、千户、万户的进制组织，依然由博尔术来统领。博尔术“志意沉雄，善战知兵”，成吉思汗因此就经常与他讨论政事，采纳了他提出的不少建议。在众多人才中，博尔术辅佐成吉思汗成就大业，功绩最多、最大。蒙古建国后，成吉思汗按照功绩封他为右翼万户长兼怯薛长。

许多那可儿、部属多年追随成吉思汗，成吉思汗便从他所熟知的人中选拔人才，委以重任。蒙古开国时期，有八十八人被封为万户长、千户长，其中绝大多数都是老部下。成吉思汗选用多年忠诚于自己的谋臣兀孙为萨满教首领，掌管蒙古国萨满教事务，又根据多年作战的实际表现和长期观察，选拔了木华黎、博尔术、赤老温、博尔忽、速不台、哲别、忽必来、失吉忽秃忽、者勒篾等一大批将领。为了下属能更好地效力，成吉思汗还选派机智有谋略的贤人给弟弟儿子大臣等做谋士，他将阔阔出等人委派给母亲、幼弟帖木格，将忽难等人委派给术赤，将阔阔搠思等人委派给察合台，将亦鲁格委等人派给窝阔台，将者台等人委派给拖雷，将者卜客委派给合撒儿，使每一个手下，都有智囊参谋。

成吉思汗麾下战将如云。他根据每个手下的实际表现，选拔了大批智慧、勇敢、忠诚之士为战将、大臣，辅佐他成就大业。多次败于成吉思汗的札木合总结教训说："成吉思汗有众多英豪为友伴，有七十三名骏马般的俊杰为其效忠尽力，如此他怎么会不所向披靡呢？"

成吉思汗用人的原则是"贤"。他所认为的"贤"，不是世人单单所想的聪明，更包含有品德的因素。成吉思汗认为人首先必须忠诚可靠，其次才是有才能。如果一个人有天大才能，但不忠诚可靠，这种人也绝不能留用。他依据这两条标准，选用了大批忠诚可靠、有各种才能的贤才。

不里孛阔是主儿勤部的大力士，在蒙古高原享有"国之力士"的盛誉，力大无比，在历次摔跤比武中无人能敌。成吉思汗剿灭主儿勤部后，俘获了不里孛阔。不里孛阔表示愿意用自己的力量为成吉思汗服务，但成吉思汗认为他长期追随主儿勤氏贵族，仗势欺凌成吉思汗家族，又多次随其主叛乱，"虽孔武有力却少忠心"，因此毫不怜惜地处死了这位大力士。篾儿乞部首领脱脱的幼子篾儿干是世所罕见的神箭手，成吉思汗也听说过他的盛名。术赤击败篾儿乞部后，将篾儿干擒获，命其射箭试验其才，果然箭无虚发，名不虚传。英雄惜英雄，术赤是神箭手，因此怜惜篾儿干的才干，派遣使者请成吉思汗留他活命。成吉思汗认为篾儿乞人是死敌，坚决地答复术赤说："没有比篾儿乞部更坏的部落，我们同他们交战多次，怎能留部主之子活着，让他重新进行叛乱！你们已经取得了他们的领土，消灭了他们的军队，留这个人还有什么用啊？”于是，术赤处死了蔑儿干。

由此可见，成吉思汗的用人原则是用人唯贤，德才兼备，而非用人唯才。

成吉思汗的目光是远大的，他不仅善于从蒙古部落中选拔人才，还善于从蒙古以外的各民族中选拔英才。他不分出身高低与部落、不分归附先后与亲疏，无论是自己培养的还是投降的，不分阶层、民族、部落，只要有才能，一律加以任用。

塔塔统阿是畏兀儿人，他为乃蛮部太阳汗掌管金印钱粮，精通畏兀儿文字。成吉思汗击溃乃蛮部后，塔塔统阿携印逃走，被蒙古军擒获。成吉思汗问他：“你带着金印要逃到哪里去？”他答道：“保护金印是臣的职责，臣想找到故主把印交给他。”成吉思汗赞许他的忠心，问他此印有何用，他答道：“出纳钱粮，委任人才，一切事均须用印为信验。”成吉思汗遂命他随侍左右掌印，此后凡有制旨都开始使用印章。成吉思汗还命塔塔统阿创制了畏兀儿字蒙古文，让他教授皇族子弟读书写字。

名臣耶律楚材是契丹人。他出身世家，是辽太祖耶律阿保机的九世孙，世居燕京，父亲耶律履曾任金尚书右丞。耶律楚材自幼勤奋好学，博览群书，精通天文地理、律历术数。蒙古军队攻占燕京后，成吉思汗敬慕他的博学，就对他说：“辽金是世仇，朕攻打金国，为你报仇了。”耶律楚材却不以为然地回答说：“我的父祖都是金朝的大臣，既为金臣，岂能背君，更不敢以君为仇！”成吉思汗敬重他的忠心，命令他随侍做书记官。西征期间，成吉思汗忙于征伐，未能重用耶律楚材，但是却没有将他遗忘。他十分欣赏耶律楚材所说的“治弓尚须用弓匠，治天下者岂可不用治天下匠”。他指着耶律楚材对继承人窝阔台说：“此人乃天赐我家，吾四出征伐不曾重用，尔日后当政，军国庶政当悉委之。”后来，耶律楚材果然受到窝阔台的器重，成为有作为的一代名臣。

巴儿忽惕部是成吉思汗的仇敌，但是该部的唵木海通晓火药，懂得用炮石攻城。成吉思汗向他询问攻打坚实的城墙使用哪种武器最好，唵木海回答说：“攻城以炮石为先，力重而能及远敌，攻城则城破，攻人则人亡。”成吉思汗很高兴，并没有因他出身敌部而弃之不用，而是让他担任炮手，攻城略地，没过多久又提升他为达鲁花赤，命他随木华黎攻打金国。唵木海不负重托，选五百余人训练组成炮手部队，专门负责使用大炮，在攻打各国城池时发挥了巨大的作用。

对于他人尚且如此信任，对于自己的家人成吉思汗更是特别重用。成吉思汗的弟弟合撒儿、别勒古台，儿子术赤、窝阔台、察合台、拖雷，养父蒙力克，养弟失吉忽秃忽、察罕等都担任重要官制，那些追随他多年的那可儿、近侍，也担任一定的官职。这样看来，似乎只要能和成吉思汗搭上关系，就能捞个一官半职做，其实不然。成吉思汗的亲人和随从与他长期相处，建立了良好的关系，而且他们绝大多数是忠诚可靠的人，成吉思汗熟知他们的品性才能，因此他能根据他们的才能和实际表现选用他们。对于没有多少本领的近人，成吉思汗绝不会因为血亲关系而轻易授职。如诸弟中合撒儿、别勒古台才能突出，成吉思汗就委以重任，而合赤温平庸无能，帖木格贪吃嗜睡，很长时间里只负责掌管后备战马的责任。成吉思汗建立“怯薛”时，合赤温、帖木格仅被委任为一般卫士，而博尔术、者勒篾两人则被委任为队长。可见，成吉思汗虽重用亲人却非任人唯亲，而仍是坚持任人唯贤的原则。

成吉思汗的大军总是能所向披靡、势如破竹，这与他对人才的提拔制度密切相关。成吉思汗提拔手下不是依据个人关系亲疏远近，而是始终根据部属的实际能力和功绩。他警告部下说："十夫长不能统率其十人队，将连同其妻子儿女一并定罪，然后从队中另择一人担任，对待百夫长、千夫长、万夫长们也这样！"这段话充分表现了成吉思汗用人唯贤的原则。

官职的提拔是依据功绩和才能而定的。神箭手哲别刚归顺成吉思汗时，因为他忠于君主、诚实可靠，又有善射的才能，被任用为十户长；因勇敢善战，不久便晋升为百户长；后来他率领部队屡建战功，于是又被提升为千户长，并担任先锋。根据他历次战争中的出色表现，成吉思汗熟知他智勇双全，有能力独自指挥较大部队作战，便提升他为万户长，先命他率军征服西辽，后又命他率军追击花剌子模国王，让他独当一面。

成吉思汗提拔重用的那可儿、部属，只是追随他的那可儿、部众中的一小部分人，并非所有部下都能被提拔，担任万户长、千户长或其他重要官员的人，毕竟是少数。其中，万户长仅有数人，千户长有一二百人，百户长有一二千人。和成吉思汗本人接触多，多年追随在他身边，只不过是能有较多的表现机会，在他身边，能更多地接受成吉思汗智慧的熏陶，增加受提拔重用的机会。

成吉思汗的文臣武将中，有各部落、各民族的人。左翼万户长木华黎为札剌亦儿部人，右翼万户长博尔术为阿鲁剌惕部人，中军万户长纳牙阿为八邻部人，大断事官失吉忽秃忽为塔塔儿部人，察罕等为西夏党项人，粘合重山等为女真人，塔塔统阿等为畏兀儿人，札八儿火者等为西域回回人，刘伯林等为汉人，耶律楚材等为契丹人。成吉思汗的不少将官出身卑微，万户长木华黎奴隶出身，万户长博尔术、速不台等牧民出身，万户长哲别战俘出身。各部落、各民族、各种出身的人都齐心协力为成吉思汗服务，共谋大业，蒙古帝国才有了蓬勃发展的活力。

成吉思汗善于结交各种人才，从来不因种族、出身而看低他人，在他的交友对象中，既有勇敢的蒙古将领，也有降将中的英雄，还有金国、西夏、中原的有识之士。

成吉思汗有一段同中原名士交往的佳话，那就是他同全真教丘处机道长的往来。

丘处机（1184年—1227年），字通密，号长春真人，登州栖霞县（今山东）人。他在少年时期向全真教祖师王喆学道，悟性颇高，“尸居而柴立，雷动而风行”，成了著名的道教弟子。

丘处机不但“博物洽闻，于书无所不读”，学识修养过人，而且他潜心修行，练就了一副仙风道骨的形象，成为全真教的实际掌教者。全真教兴起于十二世纪中叶，是道教的一个支派，以识心见性为宗，要人们祛除情欲、忍耻含垢、安贫守贱，这是一种消极避世和忍辱偷生的意识。在宋朝领土大面积被金国占领的历史背景下，全真教发展十分迅速。金朝统治者企图利用全真教来麻醉人民，蒙古伐金后，中原战乱增多，更多的人开始皈依全真教寻求寄托。丘处机掌教时，“全真教徒满天下”，已经成为一股不可小觑的力量。

1219年，丘处机在山东莱州讲道，金朝和宋朝的使者先后请他出山，都被他婉言谢绝。不久，成吉思汗也派侍臣刘仲禄前来邀请他。刘仲禄带着成吉思汗的诏书和金牌来到莱州，将铸有“如朕亲行，便宜行事”八个大字金牌交给丘处机，转达成吉思汗的亲口话说：“哪怕逾越千山万水海，不论多久岁月，一定要请你前去教导。”这时，成吉思汗的威名已经远播天下，黄河流域的大部分地区已经落入蒙古人之手，丘处机认为成吉思汗“天赐勇智，今古绝伦”，于是答应了成吉思汗的要求，同刘仲禄一同去见成吉思汗。

丘处机一行历经无数周折风险，才到达成吉思汗的西征大营。他于1220年八月出发，经过燕京（今北京）抵达宣德（今河北宣化），稍事休息后继续前进。这时成吉思汗正向西征伐，丘处机就在后面追赶蒙古大军，从宣德出发，经野狐岭、呼伦湖，沿怯绿连河穿过蒙古高原，沿阿尔泰山—天山山脉一直往西，最后渡过了阿姆河，到达成吉思汗行营。这时已是1222年四月，从山东启程算起，行程历时一年零六个月。长春真人年事已高，一路上受了不少风霜之苦，他形容这次西行“千山及万水，不知是何处”。

成吉思汗对长春真人的到来十分高兴，他当即接见了丘处机，并对他不顾年龄已大、跋山涉水的精神表示欣赏。长春真人谦虚地说：“天意如此，我怎么能不奉诏而来呢。”成吉思汗仰慕丘处机的仙风道骨，他感叹自己年龄尚不如丘处机，却看上去十分衰老，就向丘处机请教长生不老之药。丘处机为人坦率，他委婉地批评成吉思汗说：“大汗征战四方，难道还相信有长生不老之事吗？岂不闻世间只有长生之道，无长生之药。”成吉思汗听了，很赞许丘处机的诚笃，称他为神仙，并让他住在汗帐西面的帐篷里。为了表示尊敬，成吉思汗赐真人见驾时不用跪拜，只需折身叉手即可。在行营，成吉思汗在忙于军务的同时，多次向丘处机请教有关人生、治理国家、任用人才的道理，丘处机也专门为成吉思汗讲道三次，向他讲述长生之道，清心寡欲，一统天下，不嗜杀人，为治之方，敬天爱民。成吉思汗每次都听得特别认真，他命令太师耶律阿海当译员，书记官将神仙所有的讲话进行记录。成吉思汗对左右说："神仙三说养生之道，很合我的心思。"

丘处机同成吉思汗在一起生活了半年多的时间，他处处劝解成吉思汗，修身养性、戒绝杀戮。离别前夕，成吉思汗出猎时从马上跌了下来，伤到了肋骨，丘处机于是借机劝告他说："上天有好生之德，你年事已高，宜少出猎。这次出猎坠马，正是上天的戒示，不可不察啊。"成吉思汗说："神仙说得很对。但我们蒙古人自幼就习惯骑射行猎，一下子改不了。"为了报答丘处机的恩情，成吉思汗允准全真教人可以免除赋税，可以收留流离失所的百姓。成吉思汗还任命丘处机总管天下道教，他企图利用丘处机在广大道徒中的威望，来加强对中原地区的统治。

1223年二月，丘处机辞别成吉思汗，东返回国。成吉思汗派遣得力将领护送他，一路上基本按照原路返回，仅用了半年就回到了宣德。丘处机多次辞掉金朝和宋朝皇帝的邀请，却以年逾七十的高龄远去中亚谒见成吉思汗，是有深刻的原因的，在他的一封信中，我们可以体会出其中深意：

十年兵火万民愁，千万中无一二留。
去岁幸逢慈诏下，今春须合冒寒游。
不辞岭北三千里，仍念山东二百州。

穷急漏诛残喘在，早教身命得消忧。

他看到成吉思汗势力正盛，蒙古军队所向披靡，蒙古必将会兴起，而蒙古军队嗜杀成性，连年征战和杀戮使广大地区生灵涂炭。他想用全真教教义去劝说成吉思汗不要杀人，“以无为之教，化有为之士”，通过自己的影响力，使人们能过太平和安生的日子。丘处机虽然身处空门，对人民的苦难却寄予深刻的同情。作为中原汉族知识分子的精英，正是中国一脉相承的使命感和责任感，使他不远万里去拜见成吉思汗，对他进行道德说教的。丘处机虽然赢得了成吉思汗对他个人的尊重，但他的说教对成吉思汗产生的影响是有限的。个人的力量不可能在短时期内对一个强大的民族产生根本性的影响。

丘处机自中亚回来之后就长期定居在燕京，这时燕京已成为蒙古统治中原地区的核心。丘处机以“帝者之尊师”，“上以祝皇王之圣寿，下以荐生灵之福田”，派人安抚黎民百姓，成了接受蒙古国保护的宗教领袖。成吉思汗非常重视与丘处机保持密切的关系，时刻派人向他询问有关的事情。世间之事多有巧合，成吉思汗和丘处机竟然都在1227年7月去世，前后相差不过几天。或许，这也是这两位经历迥异的好友的某种缘分吧！

成吉思汗为蒙古的统一大业而生，为统一蒙古而死，他死在战场，临死之前仍牵挂战事。他是蒙古的战神，是大漠的苍鹰。

蒙古军大举西征时，哈剌鲁人、畏兀儿人是蒙古统一战线的盟友，在攻下中亚地区后，蒙古人安置的地方长官基本上都是这两种人。后来成吉思汗南下中原，本来要联合西夏灭金，但没成功。到了临终之时，成吉思汗又想到了与南宋结盟，与南宋军队联合采取南北夹攻之术，金国有天大的本事也难逃覆亡的厄运，成吉思汗的战术才能再次得到淋漓尽致的发挥。

这时，成吉思汗得知西夏献宗皇帝企图与金联合抗蒙。成吉思汗决定先发制人，以西夏拒绝派军随从西征及不送质子为借口，于公元1226年亲率大军进攻西夏。蒙古兵分两路，成吉思汗自己亲率一路十万大军由漠北南下，越过黑水、贺兰山，直攻武威，歼灭西夏军主力；另一路从西域出发，经哈密地区东进，攻取敦煌、酒泉、张掖，最后两路合围西夏都城兴庆府（今宁夏银川）。

战争期间，兴庆府发生了强烈地震，瘟疫流行，房屋倒塌，中兴府粮尽援绝，失去了抵抗的能力，西夏末主走投无路，只得派遣使节向成吉思汗请求宽限一个月献城投降。公元1227年7月，在强大的蒙古铁骑攻击下，西夏政权灭亡。

正当西夏即将灭亡之际，成吉思汗在军营病重去世。临终之前，成吉思汗立下遗嘱：死后秘不发丧，等西夏国王献城投降时，将他与中兴府所有的成年人全部杀掉。成吉思汗指定他第三子窝阔台为继承人，并总结攻金作战的经验，成吉思汗说："金国的精兵在潼关，潼关连山据河，难以攻破。如果向金国的世仇宋国借路，宋国一定会同意的。我军可以趁此南下进攻唐、邓，转道进攻金国首都汴京，金国必定征集潼关的兵马回防首都。从潼关千里赴援，人马一定会疲惫，我军必定能够击破他们！"后来的史实证明，成吉思汗的战略部署是完全正确的，窝阔台也是按照他的遗诏取得了对金作战的最后胜利。

窝阔台继承大汗位后，遵照父亲的远交近攻遗嘱，派遣使者来到宋朝，约定共同伐金，许诺灭金成功后，把河南归还给宋朝。宋朝答应了蒙古的结盟要求。

1230年，窝阔台与拖雷分两路伐金。窝阔台自山西南下，拖雷借道于宋，老将速不台围困南京，金国果然急调潼关守军赴援汴京，被埋伏的蒙古军截击，金军全军覆灭。金哀宗见大势已去，率领二千余骑逃到归德，后又投奔到了蔡州。宋蒙联盟按照签订的盟约，共同派军队围攻蔡州城。在两国的夹击下，不久蔡州城即被攻破，金哀宗自缢身亡。金国灭亡之后，江南一隅的南宋也没有逃出被蒙古灭亡的命运。

成吉思汗在重病之中对后事的安排，为一代英雄的最后战功落下了浓墨重彩的一笔。他对西夏和金国的战略安排，他的三个遗嘱，为子孙和部下指明了方向。他的孙子忽必烈在这一战略的指引下，统一了中原，建立了元朝。

第二节　铁血战队

人们把孙武和成吉思汗誉为中国兵法的双峰，前者是理论家，后者是实践者。研究成吉思汗，我们会发现，他的谋略无不与《孙子兵法》一一吻合。《孙子兵法》指出："战势不过奇正，奇正之变，不可胜穷也。"可以说"出奇制胜"是这部经典之作的灵魂。而成吉思汗，凭借着超人的智慧和计谋，建构了具有刚强意志、富于牺牲精神的"铁血战队"。他的每一个举动，都出人意料，让对手无法猜透。因此，他虽然力量很弱小，却无时无刻不牵动对手的心，始终掌握着争霸战争的主动权。

在战略上，成吉思汗深入地了解敌人，并对战争的全局做周密的部署；在战术上，成吉思汗的铁血战队速度快、善于迂回、善于借势。正是战略与战术的灵活机智的结合，他的铁血战队踏遍草原，势不可当。

在对敌展开大战前，成吉思汗总是经过审慎思考，周密部署。直到自己认为万无一失、胜券在握时，才果断出兵。

王汗与成吉思汗反目成仇后，一方面成吉思汗派遣使者去责问他背盟弃约并请求议和；一方面不断收集部众，养精蓄锐，准备进行战斗。他派人摸清克烈部的兵力虚实，经过周密策划、充分准备，乘王汗松懈无备之机，率领全军连夜急速行军，对克烈部进行突然袭击，一举歼灭了克烈部。

王汗败亡后，乃蛮部太阳汗联合汪古部前来进攻。成吉思汗深知乃蛮尽管国土广大、百姓众多，但太阳汗兄弟不和、军纪松弛，是可以征服的。成吉思汗得知汪古部不愿与自己为敌，于是用重金拉拢汪古部，汪古部终于背弃太阳汗，归顺成吉思汗进攻乃蛮部，一举击溃太阳汗。

面对金国这个人口百倍于蒙古，国土广大、军队众多的大国，成吉思汗在大举进攻之前，也经过了长期的思考，做出了周密的部署。他一方面不断征服邻部、邻国，壮大自己的实力，并通过三次出征首先战胜西夏，解除了腹、背两面受敌的危险，另一方面又长期不断了解金国的虚实，不轻举妄动、打草惊蛇。1211年，经过周密部署、充分准备，成吉思汗以汪古部为向导，在充分摸清金国虚实的前提下越过金长城，大举进攻金国，在数年内把金国打得土崩瓦解，迫使金朝献公主求和，并迁都避祸。

对于花剌子模国，成吉思汗通过西部边境的巡哨部队、追击篾儿乞残部的西进蒙古军和往来两地的回回商人，不断了解花剌子模国的各方面情况。经过了多年的观察与思考，成吉思汗对于花剌子模这个大国，本想保持通商往来、和平相处的关系，但花剌子模军队杀害蒙古国商队，污辱蒙古人的尊严，成吉思汗在充分了解花剌子模国情况之后，终于决定率领大军西征花剌子模。由于准备充分，策划周密，成吉思汗在三年内征服了庞大的花剌子模帝国。

成吉思汗有着聪慧、机智而又深沉的头脑，他不仅善于忍辱负重，利用一切机会来壮大自己的实力，还善于利用部族之间的复杂关系。待到自己强大并有把握击败对手的时候，他就会毫不犹豫，一击而中，置对手于死地。

在刚刚起步的二十余年间，成吉思汗一直依靠克烈部的强大实力来打败各方面的强敌，尊克烈部王汗为父汗，壮大自己的力量。成吉思汗早就有成为全蒙古大汗的雄心大志，但仅胸怀大志却没有足够的实力是不行的。他小心翼翼地收起自己的野心，当力量薄弱、时机不成熟的时候，事事谨慎，始终恭恭敬敬地侍奉着王汗，恪守臣子之责。当王汗被敌人击溃的时候，成吉思汗立即派人供给他牲畜、日常用品，并帮助他收聚部众，恢复实力；当王汗遭到乃蛮大将可克薛兀·撒卜剌黑袭击时，成吉思汗派遣博尔术、木华黎等四杰拼死保护，率军援救，才击退了乃蛮军，救了王汗的性命；当王汗召集他出兵的时候，成吉思汗就率部随同王汗出征，利用克烈部的强大兵力击败强敌，逐渐壮大自己的力量。为了讨好王汗，成吉思汗亲自将妻子献给婆婆的礼物黑貂鼠皮袄献给王汗。成吉思汗被拥戴为乞颜部落贵族联盟首领之后，也立即派遣使者禀报王汗，使王汗认为成吉思汗视他为自己人，讨他高兴。在此期间，成吉思汗始终谨慎、恭敬地侍奉王汗，将掳获的牲畜、财物大部分献给王汗，容忍王汗的贪婪。为了巩固同王汗的关系，成吉思汗主动提出与王汗联姻，请求把自己的长女豁真别吉嫁给王汗之子桑昆的儿子秃撒合，请求为长子术赤聘娶桑昆的女儿察兀儿别吉，桑昆冷嘲热讽，一口回绝了成吉思汗的要求，成吉思汗尽管对其心怀不满，但仍然容忍了下来，隐忍不发。

直到忍无可忍之时，成吉思汗才会去攻击比自己强大的敌人。1203年，王汗父子背信弃义，他们企图谋杀成吉思汗，被成吉思汗识破。密谋失败后，王汗率领大军进攻成吉思汗部，并取得了胜利。成吉思汗收拾部众，重新积蓄力量，他果断地抓住时机，乘王汗不备之机一举歼灭了克烈部，终于取得了与王汗斗争的最终胜利。

成吉思汗表现出了高度的自制力，与王汗的二十余年的关系经历中，成吉思汗“深沉有大略”，处事明智而冷静，成熟而干练。尽管成吉思汗是依靠和利用王汗的实力逐渐壮大自己的力量的，但成吉思汗对待王汗一直是“仁至义尽”，而王汗听从儿子的挑拨，最终出兵攻打成吉思汗。成吉思汗不仅没有丧失道义上的胜利，更重要的是取得了谋略上的胜利，击败了强敌。

成吉思汗深知当自己力量薄弱的时候，屈居人下、不争人先的重要性。金国对蒙古诸部实行民族压迫政策，是蒙古诸部的世仇。为了防止蒙古部落强大，金国多次派兵剿杀蒙古人，掳掠蒙古女子卖为奴婢，并唆使塔塔儿部攻打蒙古诸部，成吉思汗的祖先俺巴孩汗、斡勤巴儿合黑等都是被塔塔儿人擒获，押送到金朝被残酷地处死的。在血族复仇观念的支配下，成吉思汗视金朝为世仇，他早就想鼓动蒙古诸部向金朝进攻。

为了攻打世仇金国，成吉思汗忍耐了许多年，等待了许多年，思索、谋划、准备了许多年。正如他所说的："平时应像牛犊般地驯顺，战时投入战斗应像扑向野禽的饿鹰"，到时机、条件充分成熟时，他便统率蒙古大军对金国进行雷霆般的迅猛攻击，打得金国土崩瓦解。

蒙古建国以后，成吉思汗立即召集诸王商议征讨金国的事宜，考虑到金国国大兵众，成吉思汗没有轻率地立即采取军事行动，他仍继续保持对金朝的臣属关系，每年按例向金国进贡。为避免腹背受敌，在出征金国之前，成吉思汗首先于1205年、1207年、1209年连续进攻西夏，终于迫使西夏屈服，解除了攻金时蒙古的侧面威胁。

对西夏的战争不但解除了本土的战略威胁，西夏每年向蒙古进贡，还大大壮大了蒙古的实力。成吉思汗夺得了大量战利品，为大举进攻金国取得了经济上的补给。1208年，金国皇帝章宗病死，卫王永济即位。永济是一个昏聩无能的软弱之辈，成吉思汗曾见到过此人，根本不把他放在眼里。成吉思汗知道新皇帝就是永济后，心中十分不屑，于是拒绝了金国的封诏，开始大举进攻金国。数年之内，蒙古击溃了数十万金军，攻掠了金国北部的大部分州县，夺得了无数牛羊马畜、财物，金国皇帝被迫纳女求和，并迁都南方，躲避蒙古军队的锋芒。

在消灭西夏、花剌子模国上，成吉思汗也都表现出了深沉大略。成吉思汗西征前，曾派使者前往西夏，要求西夏派出军队协同蒙古军出征。西夏大臣阿沙敢不出言不逊，嘲笑地说："蒙古兵力不足，岂不妄称了大汗名头？"拒绝出兵迎战，将蒙古使者打发了回去。成吉思汗听了使者的报告后，对西夏的嚣张气焰十分恼怒，他知道西征的决定已下，不能够轻易更改，于是冷静地说："愿长生天保佑，征灭花剌子模之后，再去征讨西夏。"成吉思汗认清大局，忍下了这口恶气，直到几年后征西胜利回来，他才统率蒙古大军进攻西夏，仅用一年半时间就彻底消灭了西夏。

将领的智慧，是战争胜负的重要因素，因为将领决定着战争中战术的使用。正确的战术永远是战争中最重要的，不论武器如何精锐，人员多么充足，没有正确的战术与精良的士兵，部队都是永远要打败仗的。成吉思汗军队的速度快、多用计谋、善于迂回、善于借势的四大战术正是铁血战队所向无敌的关键。四大战术是成吉思汗战斗智慧的精华，是铁血军队战无不胜的依靠。

快速行动是成吉思汗铁血战队获胜的战术之一。决定战争胜败的主要因素，在于行动的快捷。19世纪欧洲有句名言："速度和突然性，可以代替数量。"意指战场上的迅速和突然的攻击，可以改变兵力的多寡对比。美国军事学家亚历山大认为成吉思汗骑兵战术可以归纳为四个字："速度"与"诡计"。蒙古著名学者达林太则归结出以下特点：快速、突然、凶猛、灵活、多变。两位学者的深刻见解，揭示了成吉思汗兵法的精髓。

为什么拳击手要苦练出拳速度？为了取得战争的胜利，必须要抢时间。"先下手为强"，一方面指先动手容易占据主动，另一方面也隐含了更深刻的内容：如果先将敌人击溃，敌人还能轻而易举地进行反击吗？

先下手者，就是在时间上先动手，谁能赶在敌人前面谁就是胜利者。时间之争，就是速度之争，就是生死之争。

在中国军事史上，以突然袭击而克敌制胜的战争奇迹，不胜枚举。三国时代，魏国大将邓艾率精兵走山间小道，在蜀军尚未明确进攻意图之前，以迅雷不及掩耳之势接连攻下江油、涪城、绵竹，数天之内彻底摧毁了蜀军的抵抗能力和意志，逼迫蜀主刘禅投降。

叱咤欧洲的拿破仑，指挥战争的特点，就是能够快速地调动、指挥部队，他建立了一支装备精良、反应迅捷的近代部队，把它当成了克敌制胜的法宝。与拿破仑类似，成吉思汉的蒙古军队在十三世纪是一支“快速反应部队”。这是一支精悍的骑兵队伍，速度是其生命力所在。这支队伍的速度到底有多快呢？研究饱受蒙古骑兵蹂躏的中亚地区历史的史学家克拉维戈说：“这支该死的骑兵行动之快，要不是亲眼所见，任何人都不会相信。当我们的军队才刚刚开始行动的时候，他们可以在转眼间从我们的前面转到左翼，转到右翼，转到后面，或者在转瞬间呼啸而去。”蒙古军往往是清一色的轻骑兵，在冷兵器时代，骑兵具有突击力强、灵活多变的特点，尤其适应远程快速奔袭作战，它比步兵或其他兵种优越的地方，并不是冲击力的大小，而是其灵活的战术和作战速度。如蒙古军在对金国的作战中，拖雷所指挥的四万人的西路军，有三万人是轻骑兵，就作战速度和灵活性而言，金军根本无法与其对抗。

蒙古军队特有的作战特点，也是其行动“快”的重要原因之一。成吉思汗在攻打金国的时候，每当遇到敌方固守坚固的城堡，避不出战时，通常只留下少数部队以待后续的攻坚士兵，主力骑兵部队则不受敌人影响，仍然继续高速向前推进。成吉思汗派大将木华黎率一支人马进攻金国牢固设防的东京辽阳，木华黎知道这座城市坚不可破，率军把城包围之后，佯装攻打了几天不能取胜，打着打着就撤退了。蒙古军队撤退速度极慢，走了十几天才走出五百里地。金兵探听到蒙古军队已经远去后，放松了防御。木华黎命令军队一人二马，用了一昼夜时间，率领军队奔袭到辽阳城下，金军措手不及，没想到蒙古军队竟然能在朝夕之间就杀回，被打得大败。依据现代的交通条件，一昼夜行驶五百里不算什么大不了的事情，但在古代这是不可思议的。蒙古军队在出征的时候，一般每人配备两、三匹作战马匹，还要留下一匹作为备用，就是为了适应这种快速作战的要求。快速机动，有助于蒙古军摆脱被动，掌握战争主动权。如果没有这一点，成吉思汗的许多战略战术都将无法使用，世界帝国的梦想，也难以在短时间内实现。

成吉思汗在短短的几十年里，能够征服如此广袤的领土，速度是一个要点。亚历山大大帝建立了地跨亚欧非的大帝国，征服的地方很多，但其作战距离充其量四五千公里；成吉思汗征服了几乎整个亚欧大陆，从亚洲最东端打到了最西端，作战距离超过一万公里，是亚历山大大帝的两倍。亚历山大从巴尔干半岛打到印度，用了七、八年时间，成吉思汗的军队从大漠到钦察草原，仅仅用了两年的时间，相比之下，岂不是高下立判？造成这种差别的主要原因，就在于两军的征战速度的差异。

通过快速机动，可以在战斗中快速调动部队，在决定性方向上造成集中兵力，以众击寡、克敌制胜。1203年，克烈部的王汗在札木合等人挑唆下，发动了对成吉思汗的大规模的进攻，与成吉思汗之间发生了争夺蒙古高原霸权的斗争。成吉思汗只来得及调集他的少部分武装力量，仓促应战。在敌强我弱的情况下，在合兰真沙陀之战后，他被迫沿着哈剌哈河向东北方向实施战略转移。当时成吉思汗的全军人数约有三万多人，但在敌人的冲击下大部分军队已溃散，成吉思汗所率领的军队只有三千人左右，大部分百姓，包括成吉思汗的亲弟弟合撒儿的妻子都被俘虏了，牲畜和财产也被掠夺殆尽。形势十分危急，必须采取有力的措施，才能挽救这一局面。

成吉思汗转移到斡难河源之后，稍事休整，命令仅剩的部队饱餐一顿，采取了对克烈部心脏部位——王汗本部实施远距离的闪电袭击。他先向王汗处派两人伪装合撒儿的使臣，以诈降计骗取了王汗的信任，并探知王汗的虚实。在得到了确切的情报后，成吉思汗立即率军日夜兼程，以迅雷不及掩耳之势急趋到折折儿云都山，包围了王汗的金帐及其少量警卫部队。这个时候，成吉思汗的力量虽然远比敌人弱小，在全局上处于被动，但在这个对全局有决定意义的关键战役上取得了绝对优势。经过三昼夜厮杀，成吉思汗消灭了王汗本部，收服了大部分克烈部众。其他部落听说王汗本部被击溃后，纷纷叛离了他的统治，成吉思汗一下子扭转了全局被动的地位。

成吉思汗之所以能轻易地一举取得对王汗的胜利，最重要的原因就是他实施了远距离快速机动的战术。恩格斯说：“正如商业上说时间就是金钱一样，在战争中也可以说时间就是军队。行动的迅速可以弥补军队的不足，因为这样可以在敌人还没有来得及集中兵力以前就进行袭击。”成吉思汗掌握了时间这一支无形的胜利法宝！

通过快速机动，可以摆脱被动局面，保存自我有生力量，以图东山再起。在成吉思汗的征战过程中，他常常能几千、几万甚至几十万地大规模歼灭敌军，但是蒙古军被大量歼灭的事件从来没有在他身上发生过。考察蒙古的国家实力，整个蒙古族只有几百万人口，可以应征服役的军队充其量不过二十余万人，但成吉思汗却要依靠这区区几十万人进行征服世界的战争，他必须保存有限的力量，防止军队出现大规模的减员损失。蒙古军队是如何保存军力，避免被歼灭的呢？一个重要的原因就是，当被敌人逼迫处于被动时、当打了败仗时，蒙古军队能够通过快速机动摆脱敌人，摆脱被动，取得战争主动权。南宋人徐霆在《黑鞑事略》中说，蒙古军队“其败则四散迸走，追之不及”。蒙古军队打了败仗“迸走”，并不是无组织地溃逃，而是按照原定的战略，在保存军队不被敌人歼灭的情况下，有步骤地撤退。“迸走”是在打了败仗的情况下，迅速地摆脱敌人，保存自己的战术手段。这样，蒙古军队虽然也会遭遇失败，但每次都不会遭受重大损失。留得青山在，不怕没柴烧，几十万人的部队，成为一支难以消灭的力量。

通过快速机动，能在战斗中快速转移，迷惑对手，出奇制胜。上文所说的木华黎袭取东京辽阳，就是出奇制胜的一例。遵照成吉思汗的遗诏，窝阔台在灭金战争中假道于宋，出兵唐、邓，直捣大梁。1230年冬天，蒙古军队分兵两路从山西河中府和山东济南出兵发起进攻，同时由托雷率领蒙古军队主力实施远距离快速机动的战术，由凤翔渡渭水，过宝鸡，连克大散关、凤县、安康等，接着渡过汉水，深入敌后，仅用两个月的时间，蒙古军队就出其不意地到达金军主力后方。金军做梦都没想到蒙古军会从天而降，军心大乱，在三峰山战役中被歼灭了主力，损失十几万人，彻底丧失了和蒙古对抗的力量。

1213年，成吉思汗率军进攻居庸关。金国军队自恃居庸关地理位置险要，易守难攻，铸造了大铁门将关口死死锁住，在距离居庸关百余里的路上放上铁蒺藜。蒙古军队难以展开行动，一时愁眉不展。成吉思汗派人暗中调查，发现了通往关口的小路。于是他下令当地居民作向导，天黑进入山谷，急行一夜，于黎明时分到达居庸关南口。这时候金兵还在睡觉，等到他们仓皇起来的时候，为时已晚，居庸关被攻破，金国丧失了一个战略要地。

成吉思汗还依靠军队的快速机动作战能力，创立了一系列的战略战术。在某种意义上说，没有快速机动，就不会有成吉思汗的所向披靡、克敌制胜。没有快速机动，就不会有成吉思汗的迂回战术、诱敌战术、拉瓦战术和“胜则尾敌袭杀，不容逋逸；败则四散迸走，追之不及”的猛追战术和脱敌战术；没有快速机动，就不会有成吉思汗的闪击战、无后方作战等战略；没有快速机动，就不会有成吉思汗的奇袭战术、奔袭战术、急袭战术和闪击战术。

在战争中灵活机智地运用计谋是成吉思汗铁血战队的第二大策略。成吉思汗用兵不但有速度，更有计谋。《孙子兵法》云：“兵者，诡道也。”“诡计”是一种战术。春秋战国时期出了个宋襄公，把战争当成下棋吃饭，满口仁义道德，不懂得用兵之道，结果打起仗来就一败涂地，最终落了个为后人耻笑的下场。成吉思汗未读过兵法之书，却懂得用兵的精髓：使用“诡计”。成吉思汗的“诡计”是蒙古人的本能，是猎人的遗传。都说“再狡猾的狐狸也逃不过猎人的眼睛”，即是说猎人比狐狸还狡猾，蒙古人本来就是狩猎民族，天生的猎人，当然“诡计多端”了。格鲁塞写道：“成吉思汗采用猎人遗传下来的诡计，先使猎物慌乱，而后捉捕之。他和他的骑兵像驱逐羚羊或老虎一般，把金人、西夏人、汉人、俄罗斯人、波斯人、阿拉伯人和匈牙利人一一驱逐，驱到自己的弓箭之下，任意杀死。”无怪乎布尔霖说孙子的军事理论到了成吉思汗这里才第一次被使用，被发扬光大。

匈牙利史学家通过亲眼目睹，用犀利的笔锋记下了蒙古人是如何耍诡计的：当他们发现敌人的时候，他们立刻迎上去出击，在距离敌人几十米远的地方每人射出三四箭。这时，如果他们的敌人没有溃乱，他们就退回原地，排成阵列。这是为了引诱敌人追来，使其陷入预先布置好的圈套。如果他们认识到敌人比较强大时，他们则呼啸而去，一口气跑出几天的路程，使敌人不能轻易追击，然后他们肆虐地蹂躏附近的城镇……或者，他们去侦察地形，扎营于某个挑选好的路口、交通要道，等敌人通过的时候，他们以埋伏的形式突然出现。他们的诡计战术是多种多样的，他们驱使俘虏走在最前面，用俘虏与敌兵的精锐交战，再发起骑兵队的冲锋；他们的大部分部队绝不一下子全部去冲锋，而是横列于左翼与右翼，以便包围敌人，使对方感到自己比实际人数多。如果敌人反抗激烈，他们则开放一条道路，让敌人通过和逃亡，然后再去追击敌人。为了最大限度地避免伤亡，他们坚决避免和敌人短兵相接。他们只追求用弓箭击伤敌人，用骑兵冲垮敌人！

这就是成吉思汗的作战“诡计”，其中蕴含了深刻的战略战术。美国人亚历山大深深拜服于成吉思汗的战术思想，对他赞不绝口：

> “成吉思汗的军队具有四大优势：极强的机动灵活性、武器的优势、几乎万无一失的战术体系以及战略将才，这促成了世界上效率最高的战争机器。而成吉思汗本人和他的两员主要

干将哲别和速不台是这台战争机器的天生的操纵者。”

亚历山大总结了古往今来名将们的成败得失，最后得出结论——高明的统帅不把部队投入敌人严阵以待的战斗，不重蹈别人的覆辙。恰恰相反，高明的统帅们出其不意，专攻敌人力量虚弱和组织薄弱的地方。他列举了举世闻名的恺撒、汉尼拔、成吉思汗、拿破仑、杰克逊、毛泽东、朱可夫、古德里安、隆美尔、蒙哥马利、麦克阿瑟等十几位古今著名统帅，指出他们的成功秘诀就在于避免正面硬碰的较量，而是利用“诡计”出奇制胜。而麦克阿瑟在朝鲜战场上的悲剧就在于他采用正面作战方式对付中国志愿军，结果铩羽而归。而在这些人之中，成吉思汗是尤其引人注目的“天才”，而他的“天才”正在于“速度”与“诡计”。他用充满羡慕之情的话语说：“成吉思汗是有史以来最伟大的统帅当中的佼佼者。”

1220年成吉思汗西征，为破坏花剌子模的军事防线，蒙古大军穿过了被认为是不可逾越的大沙漠，以此惊人一举，快速切断了敌人统帅摩诃末同西南各地区军队的联系。“这也许还是有史以来最好的一个战略上出其不意的实例，是战争史上最了不起的战略行动之一”。第二年，成吉思汗派哲别与速不台远征俄罗斯草原，虽然蒙古军队仅有一万余人，却在短短的一年时间里消灭了保加利亚、格鲁吉亚、俄罗斯等任何敢于反抗的力量，史学家评论说：

“这是因为他们行动迅速，出其不意，这一行动迄今仍是历史上最了不起的骑兵袭击。”

蒙古人的战略是施展诡计、出其不意，它们快速地移动，出没不定，使敌人难以预测他们的行动，将蒙古军队置于敌人最没有料到的决胜位置。成吉思汗同其主要干将速不台、术赤等一起，培养了蒙古人从未有过的效率和纪律性，使草原战争的快速和诡计达到了登峰造极的程度，取得了对任何民族或帝国来说都是空前绝后的胜利。

发动了对南宋的侵略战争后，南宋惊恐于蒙古军队的快速机动，惊呼其“来如天坠，去如电逝”，不可抵御，快速机动，使蒙古军队在战争中的诸多方面都处于有利地位。

“出其不意，攻其无备”“迂回包抄，攻敌后部”无不是成吉思汗战略战术的精华所在！成吉思汗是一个大战略家，而不是好耍阴谋的小人，他的“诡计”本身就是他的军事灵魂。对他和蒙古人来说，“诡计”与“速度”是不可分的，正是这两方面的相互结合、相互促进，才缔造了他的千秋伟业。“诡计”不是小人之道，而是英雄的法宝，不要忘了，《孙子兵法》中提到：兵者，诡道也。

善于与强者联盟，借人之势来增强自己的实力，是铁血战队的第三大战略。在成吉思汗后来的主要作战方法中，“借”字诀是值得大书特书的。

首先，他善于借用敌人内部矛盾制敌。

一个重要前提是看到敌人之间的矛盾，他利用札木合、王汗与蔑儿乞人之间的矛盾，利用塔塔儿人与王汗的旧仇，利用札木合与王汗之间的嫌隙等等。这是从全局出发，把一切有可能妨碍他统一草原的力量都算在“敌人”之内说的。对每一个敌人，他又利用敌人内部矛盾，如利用札木合与他一些下属的矛盾，利用王汗父子的矛盾。在扩张过程中，他利用金夏之间的矛盾，攻下西夏，从根本上清除了两国联合御敌的可能。攻打屈出律时，他又利用西辽的阶级矛盾与宗教矛盾，分化瓦解了屈出律的势力，使强大的西辽变得不堪一击。这一招哲别、速不台也用过，他们利用成吉思汗的谋略成功地分化了阿兰人与钦察人，然后各个击破，最后征服了整个东欧草原。

其次，是借用敌人的人力。

蒙古军队征服史中最受非议的一件事就是他们对被征服民族的态度。所到之处，被征服者要么被杀，要么被掳为奴，这与中原王朝的做法完全背道而驰，而其破坏性更是无以复加。

蒙古人靠的就是这种做法。到了元朝时期，蒙古人也不过几百万，用这么一点儿人去征服世界，不是做梦是什么？但成吉思汗的军队不少反多，原因就在于他的武装力量是个大磁石，越滚越多。征服了一个地区，把反抗的杀了，妇女掳为己有，儿童抚养长大就成了蒙古的新生力量，不杀的男丁、士兵则编入军队，去进攻敌人。

成吉思汗还有更高明的一招，那就是用俘虏去攻打敌人。攻下一个地方后，把俘虏的百姓放在军队前面，让这些百姓充当拦箭牌，一般守城守寨的人见了自己同胞都会手软，不忍下杀手，战斗力自然大减。罗马教皇派到蒙古的使节看了这一幕惊呆了，因此预言：

> 就这样，蒙古人使用已被征服的居民去攻打别的国家。正如前述，他们把被征服的所有国家的人力集中起来发动战争，因此，以我愚见，战斗中如果没有神的保佑和帮助，能够独自

> 抵挡得了蒙古人的地区一个也没有了。

这一预言在十三世纪变成了事实。

再次，是借用敌人的资源和技术。

蒙古军队的一个优势是它的灵活性与机动性，著名史学家贾敬颜曾撰文指出过：

> 蒙古人行军打仗，家属随行，根本不发生军需给养困难——这就是成吉思汗及其子孙能在不长的期间内横行亚欧的原因之一。

与其他各国军队相比，蒙古军队无需辎重，无需后勤保障，不像中原王朝那样，一旦粮草不济，必败无疑，行军打仗，粮草先行，这是中原战争的通则。但蒙古人对此不担心，他们身上带有原始的“强盗”气息，以战养战是其生存之道。攻下一地之后，由被征服者负责军队的粮食、草料供应，吃饱喝足，再踏上新征途。花剌子模的一个城市的居民未战而降，以为会幸免于祸，但几天之内先后有三批蒙古大军途经此地，这一下把该城掠夺一空，蒙军走后，这儿已同废墟一样。对蒙古人来说，这种做法既解决了自己的给养问题，也大大地削弱了敌人，使敌人失去反抗的人力和物力。所以，庞大蒙古帝国的建立，仅仅用了几十年的时间，然而，却持续了几百年，实在是人类历史上的奇迹。

成吉思汗对于工匠有着令人奇怪的兴趣，每战之后，工匠一个不杀，都带到大漠，让他们从事生产。这是因为蒙古生产技术落后，尤其缺少工匠。也真难为成吉思汗能想出这种办法来，用最快的方式赶到了时代前沿，不亚于经过了几次科技革命。他用工匠们建造的无数大兵工厂，生产作战所需兵器。

有一个人被俘虏后想活命，但他又不是工匠，当蒙古军过来检查时，他用右手食指在左手食指上来回换了两下，表示他会锯木头，蒙古人也居然留了他一条命。有一个西夏的俘虏，工技娴熟，因而深得成吉思汗的宠爱，当耶律楚材到成吉思汗身边时，这个工匠对他讥讽说："现在是需要工匠的时候，你这个酸秀才来干什么？"

成吉思汗天才创意，把被俘的工匠组成了独特的军种——工匠队，有人说，这是古代军事史上最庞大的独立兵种。

充分利用工匠，保证了蒙古军武器始终处于世界先进水平。他们不仅有抛石机、连发弩、"火焰喷射器"，还从汉人那学来了火药技术，改进了火器，建造了当时世界上威力最大的火炮。在后来的攻城战中，炮兵的作用越来越重要。据说"四大发明"中的火药技术传到欧洲，就是蒙古军队带去的。以当时几乎是最落后的民族掌握时代最先进的技术，成吉思汗用一个"借"字，解决了几百年都不一定解决的问题。

善于迂回是成吉思汗铁血战队攻无不克的第四大战术。迂回，在军事上是指进攻部队设置佯动部队于敌正面，集中主力于一个方向从敌军翼侧或后方实施远距离机动，而形成合围态势的作战行动，无论是战役或是战术都应遵循此原则。成吉思汗带领下的蒙古大军善于在全面侦察敌情、地形之后，凭借自身优势兵种骑兵的持久耐力和快速机动能力，在战役级别上出其不意地向敌人的深远纵深地带大胆穿插、分割，四面包围敌人，迫使对方迅速瓦解。在战略角度上，实行跨越式作战，包围和越过整个国家。能够达到这样的效果的前提是必须经常穿越人们难以想象的雪谷、荒原、大漠、险滩，克服常人难以忍受的困难。

成吉思汗的迂回包抄思想源于蒙古族的围猎，其实质与孙子的“兵者，诡道也”的思想一脉相承，成吉思汗及其子孙们正是在长期的征战中时刻遵循这一基本的作战原则，才能立于不败之地，终于成就了一个伟大的帝国。

先举一个战役上的例子：当蒙古大军经过长期行军突然出现在费尔干纳盆地，花剌子模国王摩诃末却正率领精锐部队以逸待劳，准备一举消灭入侵者。双方初次交兵，远道而来的蒙古军队处于十分不利的情况，虽然他们仍然以一贯的骁勇善战的勇气与敌人会战，刀光血影的战斗一直持续到深夜，但是蒙古人并未得到什么好处，没有取得预期的战果，只好各自鸣金收兵。这说明从正面直接突破敌人的防线并不是上策，而且如果敌人足够强大，蒙古军队也不是不可战胜的。

当成吉思汗在接到此役失利的战斗报告后，立即命令主帅术赤归队，加强正面防御，采取守势。同时命令大将哲别另外率领五千人马，向南方阿姆河上游迂回，占领敌人后方的交通线。成吉思汗本人集中后续部队，亲自率领五万蒙古最精锐的骑兵，从北方向费尔干纳盆地迂回，通过渺无人烟的克吉尔库姆沙漠，在激流湍急的地点悄悄渡过锡尔河。克吉尔库姆沙漠宽五百公里，直到现在都被世人认为是人类绝对不可能通过的天然障碍，在当时的历史条件和生产力水平之下，要通过这样的大沙漠，无疑是自投死路，敌方将领无论如何都不会预先想到成吉思汗会出此下策。现在成吉思汗的主力突然出现在摩诃末背后的阿姆河下游地区，又有哲别的军队阻止了对方的退路，这时的摩诃末已被四面包围完全处于被动，没有任何还手和逃跑的可能性。他的西方有成吉思汗的蒙古军主力，北方正面有察合台、窝阔台的军队，南方有哲别的奇兵，东方有术赤。这是成吉思汗迂回包抄最典型的一个战例，它创造了世界战争史上的奇迹。但这种奇迹需要两个条件，这两个条件也只有成吉思汗统率下的蒙古军队才能做到，第一是有迂回侧击的军事思想，第二需要有超常的勇气与毅力，才能出其不意。在同样的地点，经过六百五十年后，俄罗斯在此作战，也想要效仿成吉思汗，但是俄军骑兵并没有达成迂回包抄的战役目的，反而在茫茫的大漠中丧失了全部兵马。

再举一个战略上的例子：迂回包抄战略能扩大自己的战略空间，充分展开己方兵力，提高己方的作战能力，切断敌人的后方补给，打乱敌方的部署，为己方创造有利战机。蒙古军队在战略上能避实击虚，加速了战争进程。在进攻强大国家正面受挫的情况下，蒙古军队又想起了迂回之计。其灭金过程是这一战略的明显体现。虽然当时成吉思汗已死，但其继任窝阔台采用了大汗临终留下的迂回攻金方略。他在强攻正面不下的情况下，命令拖雷率西路军主力，绕过金军重兵把守的潼关，自宝鸡出汉中，强行通过南宋的管辖地区，沿江而下，绕过群山环绕的秦岭伏牛山，然后迂回到淮河流域，突然出现在金军后方。

金朝得知此事后十分惊慌，只好抽调守卫黄河和潼关的主力部队十万余人匆匆东进。两军在邓州遭遇，此时拖雷的奇兵由于长途奔袭，只有三万多人，而且处于敌后的危险境地。于是他采用避而不战的原则，力避与金军正面交锋，而是派出小股奇兵袭扰地方交通线和驻地，使远道而来本来就十分疲惫的金军更加力不从心，并且将金军主力吸引出来，使得首都汴京空虚，而且主力又不能回救。蒙军正面部队攻克黄河，直奔汴梁，金朝无力抵御，只好仓皇北撤。在钧州三峰山，南北两路蒙古军将金军团团围住，后又“穷寇勿逼”，网开一面，在追击中全歼金军主力。于是蒙古军乘胜进攻汴京，终于消灭其夙敌金国。

在灭南宋的过程中，蒙古军队故伎重施，忽必烈的军队迂回云南大理，从后侧包围南宋，绕过四川湖北的群山。由此可见，蒙古的迂回包抄在战略上的运用可以创造有利战机，可以使敌我双方力量发生变化，并从根本上打乱敌人的部署，取得意想不到的效果。

成吉思汗及其继任者之所以能够成功地迂回包抄敌后，取得辉煌的战绩，是有许多条件的，并不是所有的军队都可以成功地实现迂回。

第一，成功实现迂回敌后的关键是将帅的胆识和卓越的领导才能。从人类的军事实践中看，迂回战术基本上所有的军事统帅都知道，但是能够在实践中做到的成功战例却少之又少，成功者往往成为历史上著名的军事将领。成吉思汗利用蒙古独特的军事体制和治军思想，成功地训练了一支高素质的军队，保证其战略思想得以无条件贯彻。而成吉思汗本身就是一个历史上少有的雄才大略的统帅，他不仅仅是当时的，而且是一千年以后举世公认的伟大战略家，面对复杂敌情每次都能看清形势，作出正确判断，然后果断决策。比如蒙古大军西征花剌子模前，成吉思汗内心十分清楚三方面的情况：蒙古与其夙敌金国已经过长达九年的战争，一直保持归附状态的西夏突然反叛，近邻花剌子模乘此机会斩蒙古使臣、屠杀蒙古商队。成吉思汗权衡利弊，分析三方的具体情况，最后决定稳定西夏，拖住金朝，全力西征花剌子模。

西征军分三路齐头并进，与此同时，派哲别率领奇兵绕道敌后，向敌后方交通线卡什加尔方向迂回，目的在于切断花剌子模与阿富汗、呼罗珊之间的联系，防止敌人合兵一处，集中兵力后而无法对付。接到这个艰巨的任务之后，术赤和哲别率领三万人的蒙古骑兵，穿过茫茫的雪域高原——帕米尔和天山山脉之间的谷地。这些勇士在一丈多深的积雪中行军，翻过四千多米的吉西列阿尔多和铁列古达巴干两座雪山。在寒冷的暴风雪中，他们用牛皮包住马腿，每人穿双层的皮毛衣服，在千里冰封的高山之间艰难地前行。为了暖和身体，只有切开马的血管，喝温暖的马血。只有这样的统帅，这样的军队才能在人类军事史上创造奇迹，他们的伟大功业完全可以和迦太基名将汉尼拔越过阿尔卑斯山脉的行动相提并论。

第二，成功实现迂回敌后的前提是军队的行军速度，没有速度，就无法出其不意地到达指定地点，难以对敌人达成包围。和速度紧密相关的是耐力，军队要能够适应长途奔袭作战，这样才能发挥速度的优势。成吉思汗手下的蒙古军队是清一色的骑兵，他们的突击能力强、战术灵活多变，适应远程奔袭，后勤补给要求低。所以，这些蒙古军轻骑，就像希特勒的机械化部队，常以绝对的速度优势，迂回包抄敌后。这就使成吉思汗所对阵的战场，完全是一种快速战场。使敌国步兵无法反应，只好束手就擒。蒙古军的集结速度也不是当时一般的军队可比，从中国至保加尔边境，绵延几万里，部队集结仅需两三个月。部队每天的平均行军距离达到九十到九十五公里。成吉思汗攻占北俄罗斯，只用两个月零五天，每天战斗突进距离达八十五到九十公里；攻占南俄罗斯，只用两个月零十天，每天战斗突进距离达五十五到六十公里；攻占匈牙利和波兰，只用三个月的时间，每天战斗突进距离达到五十八到六十二公里。

在当时的历史条件下，成吉思汗的轻骑与笨重的重装步兵和西欧的重装骑兵相比有明显的高速、突然、攻击力强的优势，往往如神兵天降，使对方措手不及。优秀的骑兵使成吉思汗的伟大军事天才如虎添翼，充分利用这些轻骑兵的机动性，对付十三世纪呆板的正面攻防战术，游刃有余，从而每次都能控制战争主动权。

第三，成功实现迂回敌后的基础是一支英勇善战的军队。成吉思汗军队的耐力和吃苦精神已经用他们的战功向世界展示出来。如果换成当时其他的军队去执行成吉思汗的迂回包抄，很可能尚未到达目的地交战，就被恶劣的环境击溃。成吉思汗的军队之所以能够勇往直前，所向披靡，这与他蒙古族本身的落后和战后对战利品分配的野蛮性有很大关系。蒙古军队不仅作战勇敢，而且军事技巧娴熟，他们能够把围猎中的技艺灵活地运用到战争中，每每遇到坚固的城堡，在他们眼中只不过是围困中的猛兽。因此，成吉思汗的军队的战略特点是：它不以击溃敌人为最终战争目的，而是以左右包抄的方式，将敌人包围，切断对方的后路，达到完全消灭敌人的有生力量为目的。这与毛泽东的“伤其十指，不如断其一指”的战役思想一致。这种迂回包抄的战略战术，不直接对敌列阵挑战，或是不以主力和敌人主力决战，而是通过合理配置军队，发挥己方的优势，利用敌人的劣势，用“诡计”将对方制服。

第四，成功实现迂回敌后的保障是源源不断的物资供应，蒙古军队之所以能够远离基地穿插、迂回，原因就在于它能够做到孙子说的“因粮于敌”。古人对后勤的重要性早说过：“兵马未动，粮草先行。”但蒙古军队依靠战争中的战利品来保障其后勤，从而保证了蒙古军队的远征任务。游牧民族的特点就在于“逐水草而居”，所以蒙古人行军打仗，也遵循这一原则，只是放牧的时候人跟随水草游牧，而打仗的时候人跟随富饶的土地和人口游牧，在蒙古军队心中敌人和羊马没有区别。

战争中，由于出征携带的羊马有限，为能够充分食用，成吉思汗专门规定了屠杀之法：先把羊马的膀胱两个吹满气，把刻有螺丝纹的骨管伸进膀胱，骨管上的另一头插进羊马的第四、第五根肋骨间，然后压迫膀胱把空气注入。这样羊马立即死去。这种屠宰法可以增加肉量，同时保持肉质柔软，味道鲜美，易于长久保存。同时这样做可以尽可能全部吸收兽类血和肠肚的营养，充分利用所携带的羊马。另外极度节俭和单一的饮食习惯也是其最终能够取胜的秘诀之一。蒙古军队“食羊尽则射兔鹿野豖为食。故屯数十万之师不举烟火”。成吉思汗的军队在后勤补给短缺的严酷环境下，仍然有强大的野战生存能力。成吉思汗西征花剌子模之时，摩诃末得知重要情报：蒙古军队随身携带战斗物品，仅吃肉干和酸奶，对于好吃和不好吃的食物无所谓，什么动物都能吃，甚至连猪肉、狗肉都吃。蒙古军队的马不需要麦子和稻草，它们能自己用蹄子刨开积雪找杂草、草根和草叶吃。这些马儿能够越过任何高山峻岭和大川大河。他们的主人骑在马上，能越过任何山谷隘路，渡过任何河川。摩诃末闻言色变，大为震撼，从此，无心交战，而是疯狂撤退。

蒙古军队生存能力极强，他们对自然的要求极低，当他们攻下城池实施抢掠时，蒙古军队自然更加强大。蒙古军一方面抢夺牲畜以备后用，另一方面对中立的城堡，使用软硬兼施的方法迫使对方供给粮食。同样是在西征花剌子模时，哲别在占领花剌子模之后布告失败者：投降并且提供粮食的可以免于被杀。而如果按照当时蒙古的法律，降者的财产和生命都归胜利者所有。成吉思汗在占领布哈拉时，他骑马来到城里的清真寺，登上圣坛，对僧侣们说："野外没有肉，没有草，人饿了，马也饿了，打开你们的粮库。"此时被征服者只好乖乖地献出粮食。同时蒙古人建立作战基地，以战养战，蒙古贵族进入中原，掠夺财富，从金银、牲畜到人口，后来他们又接受汉族当地的统治方式，经营占领区。

蒙古军队由于自身的特点和优势对后勤问题的依赖程度比一般军队要低很多。他们并不像一般的军队那样让士兵负重而行，也不是在战斗序列之后跟随着长长的辎重队，而是通过本民族一直以来养成的饮食和生活习惯，以最简单的方式解决。因为他们赖以为生的主要是羊和马，这些食物不需要特别的人力物力来运送，从而大大减轻了蒙古军队的后勤负担，使得成吉思汗的大军可以没有后顾之忧，集中主力大胆向敌后纵深穿插迂回，达成战略包围，这也就是为什么蒙古军队可以以自身很小的代价取得极为辉煌的战果。因为蒙古的对手往往由于后路被切断，个个无心恋战，或者是由于军队被四面包围，根本来不及展开。他们经常来不及做坚固防御，即使有一定的准备，但蒙古军却偏偏经过他们防守薄弱的地段，突然出现在他们的战役后方，对他们形成包围之势。

成吉思汗身处十三世纪世界历史给他创造的舞台，与亚历山大大帝一样，他以自己的军事才能导演了横跨亚欧大陆的庞大蒙古帝国，无疑具有恒久的价值和神奇的魅力。孙子曰："军事之难者，以迂为直，以患为利。"又曰："凡战者，以正合，以奇胜。故善出奇者，无穷如天地，不竭如江河。"在战争中，"迂"与"直"包含着作战中的辩证法，互相转化。战术运用，从路线和途径上说，好比建隧道桥梁和高速公路一样，有迂有直而视不同情况做不同选择；从作战谋略和战术运用上说，作战中的以退为进，声东击西，避实就虚再由迂变直，犹如拳击争霸赛中要出重拳时，必须也必然要先虚晃几招一般；亦如棋局中需通盘谋划、灵活运用。

著名军事家克劳塞维茨在其著作《战争论》中总结战争规律，提出了集中兵力，消灭敌人有生力量的思想，而成吉思汗的战争实践，无疑是对这一思想的最好注解和证明。虽然成吉思汗并没有熟读兵书，甚至也许连汉字都不认识，但是天才的成吉思汗在与野兽、部落、外敌的长期艰苦的争斗环境中，以自己的智慧悟出了这一真理。

成吉思汗对于西方战略思想发展的启蒙性作用，其迂回包抄的战略战术受到了后人的高度评价，英国著名军事评论家利德尔·哈特感叹道："在中世纪，战略的最好例证并不在西方，而是来自东方。公元十三世纪，对于西方战略的发展来说，是一个卓有成效的时代。"

第三节　谁与争锋

历史的纷纭变化使之不可捉摸，但是把成吉思汗与拿破仑放在一起比较，我们还是会发现差异，并非毫不相干。假如他们生在同一个时代，仅从战略战术或与之相关的几个方面来说，不会只是平手。到底哪个人会取胜呢？当然是成吉思汗！但他若出现在十八世纪，不会变成拿破仑，仍旧是成吉思汗。

把成吉思汗与拿破仑相提并论，从表面上看似乎风马牛不相及，一个是东方人，一个是法国人，一个是十三世纪的草原骑士，一个是十九世纪的革命先驱。他们之间到底有什么样的联系？

严格地说，在已成历史的一切事情中，任何一个人物都是不可替代的。但这并不妨碍我们把伟大人物放在一起比较，看他们到底有没有过人之处。

尼赫鲁说中亚出了四个大征服者，亚历山大大帝、阿拉伯哈里发、成吉思汗与帖木儿。其中成吉思汗可算是东方的代表。在这几个人中，亚历山大是马其顿人，不能纳入东方阵营中；阿拉伯帝国地跨亚欧非三大洲，但是其统治范围只到了西亚，与亚洲大陆无缘；帖木儿帝国影响极大，但同样也没有能够染指东亚部分。而成吉思汗的世界帝国才名符其实，在欧洲占据了钦察草原和部分东欧平原，亚洲包括除了南亚、东南亚的整个大陆地区。因此把成吉思汗作为东方征服者的代表再合适不过了。台湾学者马起华说道：“成吉思汗是蒙古人乃至黄种人中最伟大的政治家。绝非过誉之辞。”而拿破仑则是自从十世纪神圣罗马帝国土崩瓦解之后试图统一整个欧洲大陆的唯一的统帅了。

把拿破仑与成吉思汗放在一起作比较的人有很多，看来人们对于二者之间的微妙关系都十分感兴趣。格鲁塞在战术上就谈到了这两个天人才物：“关于蒙古人的战术，人们曾写过许多。他们想起它和菲烈德里二世与拿破仑的战术相比。”

而事实上拿破仑的战术与成吉思汗的确有着惊人的相似之处。在拿破仑的三项兵法中，使用最频繁的就是“迂回包抄，攻其后部”“战略决战”。“迂回包抄、攻其后部”被军事学家博塞称为“分进合击”战术，这是成吉思汗的绝招。据统计，拿破仑到1815年为止，使用这一战术达三十次之多。这一招也被军事史研究者看成是“波拿巴战略计策中最强有力的一项”。他最喜欢的战术“战略决战”，是以正面进攻牵制敌人，派一支部队从侧面迂回到敌后交通线上，由一支精锐的炮兵、步兵和骑兵混合部队在敌人防线上的弱点实现突破，最终取得胜利。贝文·亚历山大说，这一招与蒙古人的战术原则是一致的。

然而这东西两大征服者的命运差别却如此之大。拿破仑经历了莫斯科之战、莱比锡战役、滑铁卢之战后，声誉、地位一落千丈，他打了无数胜仗，但在这几次战略大决战中，他赌输了，赔进去了全部家当。他成了阶下囚，在圣赫勒拿岛上待了数年后死去。他的死因是一个难解之谜。近年又有新说法，拿破仑是被英国人慢慢毒死的！正确与否姑且不论，拿破仑滑铁卢失利后，再也没有重整旗鼓却是事实。

成吉思汗一生中也打过败仗。且不说他早年连妻子都保护不了，后来也出现了几次波折。与札木合的十三翼之战，与王汗首次反目的哈兰真沙陀之战，他都败了，此后在征服中原与中亚战争中也有失利的情况。但是成吉思汗从来没有遭受过毁灭性的打击，战败后经过一段时间的休养，他的力量仍然那么强大，可称是“草原上的不死鸟”。这里面有个诀窍，那就是成吉思汗不打硬仗，不玩没有把握的赌命游戏。如果发现敌人过于强大，他宁可后退也不鲁莽从事。他几次攻西夏、金国都是这种特点的证明。他不愿意为逞一时之勇，为泄一时之愤而不顾千万将士的生命，不顾战略全局的得失。正如《史记·匈奴列传》所言：“利则进，不利则走，不羞遁走。”似乎这也是草原民族的一个共同特点，只不过成吉思汗发挥得更妙罢了。

拿破仑在早期的军事生涯中充分运用“迂回包抄”“战略决战”的

战术，因此常常能够以少胜多，转败为胜，使敌人望风而逃。贝文·亚历山大说："波拿巴把这些惊人的革新与极强的机动性和胆量相结合，用来在法国获得至高无上的权力，并为他自己缔造了一个帝国。然而拿破仑当上皇帝之后，他拥有了庞大的军队和对自己军事能力的坚强信心，以致不再依靠速度出奇制胜，而是单纯依靠兵力的大量集中或进攻实力来取得胜利。"

利德尔·哈特说："拿破仑为违反节省兵力的法则而付出了代价；而机动性和出奇制胜是实践这一法则的手段。"

通过这一比较，成吉思汗与拿破仑在战术上的优劣不言自明，倘若二者真的处于同一时代而又成为对手，拿破仑仍然无法改变他的命运，他同样与"世界上最伟大的征服者"这一桂冠无缘。

马起华著有《成吉思汗与拿破仑》一书，对二者的相同点与不同点进行了细致深入的分析。本书在这里便借用马先生的研究成果，与读者共享。先说相同之处，马先生从二人生平中归纳出十个相同点，可谓齐备：二人都不是普通出身。成吉思汗是蒙古乞颜氏贵族后裔，其父也速该曾是汗位最有力的竞争者之一。拿破仑的祖先也是贵族，从意大利迁到了科西嘉的阿维克修。拿破仑的父亲夏尔·波拿巴是一个有名的律师，同时也是一个好斗分子，先是积极参加反抗热那亚统治的斗争，后来又与法国人打仗。不过当法国人彻底占领了科西嘉，夏尔·波拿巴便加入了法国国籍。拿破仑早年受父亲影响，也是一个激进的科西嘉独立分子，但后来他却成了法国的象征。如果不是贵族出身，他就不能接受高等教育，不可能参加法国军队，更无从谱写他的军事浪漫史。

二人都喜欢骑马。这可能是所有军事家和统帅的共同点之一。至少在近代以前，人、马是战争中最具主动性的因素，马背民族何以能够横行一千多年，主要原因是他们发挥了机动性和分进合击这两个因素。中国人直到今天还以“人马”为单位表示兵员多少，可见其影响之大。另外骑马对于锻炼矫健的身体和行军作战都有很大帮助。

二人作为军事领袖，带兵打仗，都勇往直前，身先士卒。成吉思汗从未离开过战场，最后也死在战场上，在他的一生中多次遇险，多次负伤，但从来没有退缩。拿破仑是个统帅，还是个战士，他特别愿意亲自领着士兵冲锋。滑铁卢战役时进攻威灵顿，所有部队都派上了用场，他还领着自己的几百近卫军冲锋。不过拿破仑命大，他曾经抱怨说子弹总是不往他的身上打，这更表明了他的勇气，他曾说：“我自认大概是曾经有过的在战争中最勇敢的人。”

二人都年幼丧父，由贤能的母亲抚养长大。成吉思汗十三岁时父亲被毒死，家道中落，诃额仑将他们兄妹几个拉扯大。札木合后来对成吉思汗抱怨说：“他自己失败是因为没有这么好的母亲来教养他。”拿破仑的父亲也在他十几岁时去世。他的母亲勤劳坚强，而且生性俭朴。她对拿破仑十分宠爱，拿破仑之所以好斗、固执，与她的娇惯不无关系。

“成于一，败于二三”，二人在军事上都强调统一号令，集权指挥。成吉思汗对于手下的严厉是有名的，所有大将包括他的儿子们对他都无比敬畏。拿破仑则宣称：“统一指挥是作战的第一需要。”其实这一点也是所有统帅的共识，只不过在这两个人身上体现得更加突出罢了。

不仅斗力，更重斗智。马起华说：“成吉思汗并不是像毛泽东说的‘只识弯弓射大雕’，而是一个武能征战、文能定国的军政治家。”几乎没有人否认成吉思汗战术之高妙，妙在何处？妙在“诡计”。拿破仑生下来时脑袋奇大，自幼聪明无比，但他并不是凭武夫之冲动，也不是凭自不量力者的小聪明，而是充分利用大脑，保持冷静。他有句名言：“总司令的第一特质是冷静的头脑。”每次开战前，他都精打细算，直到算无遗策。

二人无论在军事上还是政治上，对于有功之人都不吝重赏以资激励。在这点上他们比一些中国“正统”帝王看得开。历史上，每当一个王朝建立了，皇帝便想方设法算计帮他打天下的大臣，甚至不惜撕破脸皮，大肆杀戮，结果是以怨报德，都没好下场。成吉思汗第一次分封就封了九十五个千户，四个万户，对于为他卖命的“铁哥们儿”，用之、信之、赏之。拿破仑1802年设荣团勋章，1804年封十八位名将为元帅，十九名武将、六名文官为公爵。正因为如此，他们的手下拼死效力，无不用命，哪里有整日琢磨把主子干掉的负心贼？汉高祖开杀功臣之先河，君臣相猜，互不信任，留下“小脚”政治的传统。

二人都把重要地方分给亲属。成吉思汗分封四个儿子各领一汗国，又封他的弟弟们为东道诸王。拿破仑分别封兄长约瑟夫、三弟路西安、四弟路易、五弟哲罗蒙为西班牙国王、西班牙大使、荷兰国王、西西里亚国王，他的妹夫为那不勒斯国王。

二人都制订了一套完备的法律。成吉思汗虽然没有任何文化积累，甚至一字不识，但凭着他天才的治国头脑，颁布了被称为“大扎撒”的《成吉思汗法典》，《法典》中包括民事、刑事、军事等各方面的法律条文，这是蒙古汗国成为一个国家的重要标志。《拿破仑法典》的影响要大得多，它被看做是现代民法的最早范本，奠定了现代民法的基础，其影响并不限于法国，整个世界都因之而受惠。可以说，拿破仑靠这一部法典就足以留名青史。

二人都留有遗嘱。成吉思汗重病而死，临死前把儿子、亲戚、大臣都叫到身边，留下了三条遗嘱：由窝阔台继承汗位、联宋灭金、彻底消灭西夏。拿破仑临死立的遗嘱更加详细，乃至每件物品留给谁都明明白白写在纸上。这一简单的事实反映了这两位伟人共有的特点，即做事有始有终、思考缜密、头脑清醒。这大概是高明的政治家的特长所在，即使到了临死之时也不糊涂。

上面是成吉思汗与拿破仑的相同或相似之处。从具体、琐碎的比较中我们不难发现作为伟大人物在性格或行为方面的共性。至少我们可以说，他们都是理智、坚强、聪明之人。

马起华从多个方面论述了他们二人的差异，有些差异无足轻重，有些却是促成他们各自不同生命历程的重要因素，因此颇值玩味。

学识不同。成吉思汗没有接受过学校教育，虽然不能说他一字不识，至多也只能是写自己的名字而已。拿破仑则在法国进了贵族学校，他的文字修养很好，对莎士比亚、拉辛等作家的作品有独到见解，可算是个知识分子。此外，他在军事、政治方面也受到了较好的培养，他的许多战术来源于军事学家的理论贡献。成吉思汗的一切知识都来源于口耳相传，更多的是他自己的体悟与实践经验总结，从这个意义上说，他的创造性要更加鲜明，他的个人天赋在其功业中发挥了不可替代的作用。

婚姻不同。成吉思汗有五百个妻子，拿破仑先后共两个，分别是约瑟芬与路易丝，是一夫一妻制。这其实是文化的背景决定的。但成吉思汗以婚姻方式团结了一大批部落，这一点是拿破仑无法比拟的。

成吉思汗有四个儿子继承父业，拿破仑与路易丝生了个儿子，不幸的是，这个家伙是个短命鬼，二十一岁就死了。他与一个情妇所生的华鲁斯克伯爵做过外交部长，但毕竟只是个私生子。

成吉思汗对于被征服地区每每采取血腥的报复，“屠城”对他来说不过是结束战争的一种方式，而拿破仑虽然野心勃勃，但战场之外，从未殃及平民，这一点应该说是历史进步的一个证明。

成吉思汗地位巩固，几乎没有发生过影响他在帝国的权力和威望的重大事情。而拿破仑则时时面临内部和外部的威胁。成吉思汗对敌人残酷打击，无不从肉体上消灭，他的帝国是扎扎实实建立起来的。而拿破仑则是大革命中的一个暴发户，他靠军事奇迹建立了帝国，却始终没有消灭反对者。

成吉思汗的征服史是以落后的民族征服先进民族，因而战争结果表现出强烈的破坏性和退步性，这一点使他颇受非议。拿破仑发动的战争则有推广法国先进的启蒙思想和革命运动的作用，客观上也促进了欧洲各国的文化交流，因此虽然挑起连年战争，欧洲人对他仍没有太多恶感。

成吉思汗与拿破仑的功绩都建立在军事胜利之上。他们是征服者，就等于在玩战争赌命游戏，因此战略决战往往关系到他们的生死荣辱。成吉思汗很少打硬仗，也很少失利，即使失利也并不致命，而拿破仑在后来则大败了几次，元气大伤，局势也就无法扭转了。

成吉思汗死后，他的世界帝国继续壮大，蒙古人左右历史的时间长达五百年之久，而拿破仑还没死，他的法兰西帝国就变样了，拿破仑三世不仅没有使帝国重现光彩，反而把拿破仑留给他的荣誉丢得一干二净。

这几方面可以视为二人差异性的重要表现。不同时期的人物之间因为缺少可比性而表现出独自的特点，无论怎样比较都没有太大意义。如果拿破仑生在十二、十三世纪，肯定不会是成吉思汗，反过来成吉思汗也成不了拿破仑。

他们两个人都是伟大的军人、统帅，但结果却如此不同。成吉思汗创造了一个空前绝后的大帝国，拿破仑在短暂的辉煌后则成了兵败被囚的悲剧人物。

“大悲剧是伟人的学校”。

拿破仑是不是想通过这句话来表明他汲取教训、东山再起的决心？但这座学校没有开过毕业典礼，所以悲剧永远都是悲剧。

“他的天才是不能令人相信的。那是过去一千年来所证明的最惊人的业绩。他无疑是我曾经见过的最非常的人物，并且依我之见他是生存过许多世纪的最非常的人物”。这是拿破仑的夙敌太列朗的“忏悔录”。

爱德华七世曾在拿破仑墓前下跪，这恐怕也是另一种“忏悔”吧？

成吉思汗用他的武功业绩证明了他是一个伟人，而拿破仑似乎还多了一点儿什么，这也许就是从十三世纪到十八世纪五百年时间所给予人类的赠品，那就是文明。

那么我们再来研究他们二人到底哪一个厉害些是不是就显得毫无意义？不，这里面有种耐人寻味的“提示”。

拿破仑之所以失败，成吉思汗之所以成功，有主客观两方面原因。主观上，拿破仑令人遗憾之处在于他打了几次败仗，用某些军事史家的话来说，他的拼实力做法使他丧失了主动权，丧失了大量军队。当然这是一个很重要的方面。

有人说他是借了大革命的“东风”才燃起来的，东风一过，他的火也就要熄了。他的野心太大，树敌太多，最后导致所有国家与他为敌，他再厉害能对付得了多少人？他试图使用分化瓦解、各个击破的策略，但都被人识破。成吉思汗在这方面比他运气好，也更善于运用敌人之间的弱点，他有足够的时间去等待机会，他经历了五十多年战争，拿破仑只不过才二十多年。如果拿破仑不那么操之过急，也许他的运气会更好一些。

成吉思汗带着一种强烈的野蛮色彩，他为了改写历史不在乎死人流血，他的战争机器一开动起来就把战场变成屠宰场。而拿破仑毕竟没有这种野蛮气息，他是大革命中陶冶出来的人物。

在人类历史上的众多征服者中，能够给后人留下永久回忆的人并不多，然而成吉思汗与拿破仑在其中算是十分特别的人物，他们都野心勃勃，却又能给人留下英雄的悬念，他们制造了混乱与战争，人们却把那个时代看成是历史奇观。后人对他们褒贬不一，但对其所创造的奇迹，则无不惊叹。这就是所谓时势造英雄，英雄亦造时势。

第四节　英雄永垂

成吉思汗作为一位空前的草原霸主，以政治家独有的视野与魄力，在军事征战与巩固王位的斗争中，把自我的聪明才智和非凡才干展现得淋漓尽致。他通过自己的审慎筹划和果敢行动，再加上深沉的理性思考，在一系列的东征西讨和选定王位继承人的事件中，做出了深思熟虑和远见卓识的决策，从而创造了一位草原霸主的辉煌命运，改写了草原的历史，改变了世界的历史，让蒙古这个民族在人类历史上留下了浓墨重彩的一笔。

在最不平凡的人的身上，流淌着最平凡的亲情的血液。一代天骄成吉思汗的身上，我们看到了淳朴的情感和自然的归宿。成吉思汗是伟大的，以至于人们在分析他为何能创建蒙古帝国时，总是只想到他的英勇善战、顽强不屈、足智多谋，却忽视了成吉思汗作为一个天生的牧民，骨子里具有团结友爱、知恩图报等质朴品行。其实，在许多情况下，自然的品行比刻意的智慧更有持久性和功效性。正是因为有着一颗友爱的心，成吉思汗在与同样能力非凡的对手的斗争中取得了胜利，成为一位永垂不朽的人物。

在成吉思汗十二三岁时，他年幼无知，竟因为与异母弟弟别克帖儿争夺一条鱼，一怒之下同合撒儿射杀了别克帖儿，受到母亲诃额仑的严厉训斥。从此以后，成吉思汗铭记母亲的教诲，不但善待自己的亲弟弟，还善待异母弟弟别勒古台，与诸弟团结友爱。成吉思汗统一蒙古高原的过程中，南征北战，同别勒古台、合撒儿的关系最亲密。蒙古建国后，成吉思汗表彰他们说，有了别勒古台之力，哈撒儿之射，他才得到天下的。成吉思汗还将占领的土地分封给诸多兄弟，二弟合撒儿封四千户，三弟合赤温早死，就封给他的儿子二千户，异母弟别勒古台封一千五百户，幼弟帖木格与母亲同受封一万户。后来，二弟合撒儿居功自傲，颇有夺取汗位的野心，成吉思汗暗中削弱了合撒儿的封民，消减了他的实力，但念及兄弟手足之情，并不曾对他使用极刑，并保留了一千多户的领民。

对于自己的结发妻子孛儿帖，成吉思汗有着非同一般的感情。成吉思汗在幼年时同孛儿帖定亲，在父亲被害，家族遭遇不幸后，孛儿帖不离不弃，依然遵守婚约，并在经济上多次资助成吉思汗，使他渡过难关，成吉思汗深记下了妻子的深情。1179年篾儿乞人掳走了孛儿帖，成吉思汗为了救回妻子，向义父王汗求救，又向义兄札木合求援，在王汗和札木合的帮助下，成吉思汗终于救回了孛儿帖。孛儿帖被掳去后，被迫嫁给了篾儿乞人赤勒格儿，她同赤勒格儿在一起生活了将近一年，被救回来时，已经怀有了身孕，不久即生下儿子术赤。成吉思汗体谅妻子所受的委屈，对血缘存在疑问的术赤不仅未加歧视，而是一直把他当成长子看待。

成吉思汗对孛儿帖始终关爱有加，尊重她的意见。成吉思汗投靠札木合，首先想到的就是接母亲和妻子前去同住，成吉思汗想与札木合分手时，又向母亲和妻子征询意见。孛儿帖说："札木合喜新厌旧，如今他厌恶我们了，一定会算计我们的，我们决不可再停驻下去，现在就连夜赶路吧。"成吉思汗听从了孛儿帖的劝告，连夜离开了札木合。蒙古建国后，神巫阔阔出集团利用宗教影响聚拢势力，气焰嚣张，逼迫皇弟帖木格下跪悔过。帖木格受辱去向成吉思汗哭诉，孛儿帖从旁向成吉思汗劝说道："你在世时阔阔出就这样欺侮你的兄弟，一旦你去世后，你所聚集起来的百姓，还会归你幼弱的儿子们吗？"孛儿帖的一席话给成吉思汗敲响了警钟，他意识到问题的严重性，阔阔出一伙势力已经威胁到了汗权，遂下决心把阔阔出处死。

成吉思汗名义上有五百多名后妃，但他所宠爱的，除大皇后孛儿帖外，只有二皇后忽兰、三皇后也遂、四皇后也速干四人。二皇后忽兰年轻美貌，性情温和，懂得关心照顾人，因此在成吉思汗后半生最受宠爱。成吉思汗西征时，只带忽兰一人陪伴，让她在征途中照顾。忽兰生有一个儿子阔列坚，成吉思汗对阔列坚视如嫡子，非常疼爱，以至于舍不得让他去战场征战。三皇后也遂美貌而有智慧，成吉思汗西征前夕，也遂向成吉思汗奏请早立继位人，她说："一旦您如柱石般的身躯突然倾倒，您的似雀群般的百姓交给谁呢？这事该让诸子、诸弟、百姓、后妃们知道。"成吉思汗采纳了她的建议，选定窝阔台为继位人。1226年成吉思汗率大军出征西夏，只携带也遂一人陪伴。途中成吉思汗坠下马来，受伤很重，也遂就代替他召集诸皇子、诸将开会，商议军国大事。也遂的干练得到了成吉思汗的欣赏，她是成吉思汗的侧妃中唯一一位能够参与政事者。

成吉思汗疼爱自己的儿孙们。他的三子窝阔台在战争中受伤落马，被博尔忽救了出来，成吉思汗对儿子的感情深厚，因此封博尔忽九次犯罪不罚。二子察合台的嫡长子莫图根，深受成吉思汗的喜爱，常常跟随在成吉思汗身边。1221年秋，成吉思汗在攻打花剌子模的范延城时，莫图根被敌箭射死。爱孙被射死，成吉思汗十分悲痛，命令军队奋力攻城，在取得胜利时下令把该城完全毁掉，居民全部杀光。

成吉思汗在征战之余，还常常与孩子们享受天伦之乐。1225年春，成吉思汗西征归来，回到了阔别已久的蒙古大草原。这时拖雷的两个孩子忽必烈和旭烈兀已经长到十岁多了，弟兄两个时常来找爷爷玩耍。有一次，忽必烈射杀了一只山羊，旭烈兀射杀了一只兔子。蒙古人的旧俗，小孩子第一次打到猎物的时候，要在大拇指上涂擦油脂，成吉思汗亲自替兄弟两个涂擦大拇指。忽必烈轻轻地抓住成吉思汗的手，旭烈兀却紧紧地抓住他的手，成吉思汗说："这个坏蛋要将我的拇指掐断了！"旁边的随从见祖孙三人怡然自乐，不禁哈哈大笑起来。

在四个嫡子中，成吉思汗最爱幼子拖雷。每次出征，成吉思汗总把拖雷留在身边，并称呼拖雷为"那可儿"（蒙古语伙伴的意思）。在选择继位人时，成吉思汗犹豫不定，难以在拖雷和窝阔台之间做出选择。拖雷聪明勇敢，善于治军，指挥军队作战，在自己身边最久，而且拖雷是成吉思汗的幼子，自古幼子最得父母的疼爱；而窝阔台宽宏大量、老成持重、多谋善断，能团结诸兄弟和各方面人，最具治国之才。经过长时间的深思熟虑，成吉思汗最终选择了窝阔台。这是理智胜于情感的选择。

对于自己的亲人情深意重，对于自己的部落民众，成吉思汗同样示以深情。成吉思汗爱自己的蒙古同胞，他说："出生在斡难河、怯绿连河地区的蒙古男儿，每一个都天生勇敢，未经教导就明白事理；出生在那里的蒙古女孩，每一个都清秀美丽，未经装饰就美貌无比。"斡难河、怯绿连河地区是尼伦蒙古诸部落的生活居住的地方，是成吉思汗的同胞尼伦蒙古人的家乡，成吉思汗的溢美之词表达了他对故乡人民的热爱。

驰骋疆场的英雄也有着深情的一面，成吉思汗是一位温柔的、多情的草原牧民。

成吉思汗不仅热爱自己的亲人和友伴，对于那些给予了他美好回忆和无穷智慧的草原、山川、森林，都充满了无限的热爱。成吉思汗常在大草原上组织士兵进行围猎，通过围猎进行军事训练，并获得御寒的兽皮和补给的军粮。成吉思汗常在河边、湖畔、山麓等水草丰美的草原上休养兵马，让军队得到充分休整，使战马吃饱喂肥，以便精力充沛地投入新的战斗。成吉思汗爱自己家乡的山川、湖泊、森林、草原，那里是他祖祖辈辈居住、生活、战斗的地方。浓密的森林曾掩护他躲避泰赤乌部的追捕，高高的不儿罕山曾救护他和亲属摆脱三姓篾儿乞人的袭击，为此他向不儿罕山感恩跪拜祈祷，并由衷许愿，每年都要祭祀不儿罕山，并让子子孙孙永远祭祀不儿罕山。

成吉思汗自幼在草原上骑马、射猎，在草原上的河畔钓鱼。当篾儿乞人袭击成吉思汗时，成吉思汗带着全家骑马逃入林密谷深的不儿罕山深处，用树枝搭起帐房，居住了许多天，等敌人退走后才从不儿罕山下来；当泰赤乌部人追捕成吉思汗时，成吉思汗骑马逃入高山的森林里，在那里躲避了九天九夜。成吉思汗家常住在靠近山边的河畔、湖滨的草原上，以便放牧、射猎，桑沽儿小河附近的合剌只鲁肯山下的阔阔海子边的草原，豁儿出恢孤山附近的乞沐儿合小河边的草原，不儿罕山南麓怯绿连河源的不儿吉草原等，都曾出现过成吉思汗一家的身影。成吉思汗常在山下、河边的树林里与亲友宴饮。成吉思汗热爱大草原，是大草原抚育了他，使他茁壮地成长起来。

成吉思汗热爱大自然，他在美好的大自然中生长、战斗，建立丰功伟业。大自然养育了他，最后他又回归到永恒的大自然中。晚年时，有一天，成吉思汗出去打猎，来到不儿罕山的一处风景秀丽名字叫起辇谷的山谷。在那个地方，长着一棵孤独的大树。他在树下下了马。他十分喜爱这棵大树的翠绿清新，在这棵大树下他散步、独坐，消磨了一个时辰，产生了一种内心的喜悦。这时，他将随从在他四周的诸将、近侍们召进来说："这个地方做我的葬地倒挺合适，在这里做上个记号吧！我的最后归宿应当在这里！我和我的子孙的葬地就在这里！"1227年成吉思汗病死后，诸王、诸将按照他的遗命，将他归葬于起辇谷的那处野地上。他下葬后不久，野地上长起了无数树木和青草。后来，那里森林茂密，已无法通过。一代天骄成吉思汗从大自然中来，最后又归返于永恒的大自然中。

在杀机四伏、血腥遍野的征战过程中，成吉思汗总是时时流露着细腻的感情，表达着他对人间真情的渴求。父亲的早逝，生活的艰辛，颠沛流离的奔波，使成吉思汗过早地明白了弱肉强食的涵义，养成了对待敌人残酷无情的性格。但是，日常生活中的成吉思汗孝敬寡母、疼爱妻儿、下礼臣子、善待子兵，表现出了他铁血男儿侠骨柔情的一面。

不可否认，成吉思汗是残忍的，他是黩武好杀的。人们应当注意的是，宁可说这是由于环境的使然，即众所周知的突厥——蒙古人的勇猛好斗、粗犷野性造就了成吉思汗的性格，而不是由于一种天生的残暴性，使成吉思汗走上了杀戮之路。

在成吉思汗成长、壮大的过程中，无论是统一蒙古，还是对外扩张，所过之处无不血流成河，土地荒芜，蒙古铁蹄踏出了帝国尸骨垒成的疆土！依照弗洛伊德的心理学理论，一个人早年的经历对他的性格具有潜在的决定性作用。成吉思汗幼年遭受丧父、被族人抛弃的苦难过程，性格必然受到影响。当他只十几岁的时候，他会因为争夺一条鱼就把同父异母的弟弟射死，这不是误伤，而是蓄意的杀害。倘若不是艰难的生活所迫，他会做出这种事情吗？成吉思汗在亡命的过程中，对敌人的仇恨积淀起了复仇的情绪，一旦这种情绪迸发，就会变成血腥大屠杀！对塔塔儿人的种族灭绝，在西夏的屠城、金国的屠城、中亚的屠城，一幕幕血的悲剧上演，复仇心理彻底暴露了他性格中阴暗的一面。

即使是已经屈服了的敌人，成吉思汗稍有不快，也不把他们放过。成吉思汗统率蒙古大军进攻西夏的时候，西夏的一些城市慑于蒙古的威胁，宣布投降。但是在言语上有时西夏人却表现得十分不顺从。这些言语的讥讽引起了成吉思汗的不满，在复仇心理的支配下，成吉思汗下令对某些城市进行屠杀，虽然其中一部分屠城命令因受劝谏而中止，许多甘于放下武器、放弃抵抗的手无寸铁之人，仍然被杀死。

成吉思汗的确发动了令人发指的战争，他会把整个落败部落领袖的妻子女儿占为已有，以至他的妻子达五百多人。然而在实际生活中，成吉思汗的生活是相当节制的，对于男女之间的生活问题，他也从不放荡。成吉思汗是一名武将，如果像其他帝王那样多淫纵欲过度，那么他的戎马生涯必定会早早结束。在成吉思汗的五百多名后妃中，除大皇后孛儿帖外，他最宠爱的是二皇后忽兰、三皇后也遂，其次是四皇后也速干，他让她们分别主持二、三、四斡耳朵，并且这些斡耳朵相距甚远。至于其他后妃，一部分人曾受成吉思汗短期宠幸，大部分人仅是入后宫备选，她们只是在名分上是成吉思汗的妻子，实际上与成吉思汗并无多少情爱关系。

成吉思汗生活十分俭朴，保持着草原人的朴素性格。成吉思汗有个妹妹要出嫁，有人问他送给妹妹什么财产作为嫁妆，没想到成吉思汗十分不悦，他说："把财产挂在嘴边上，那和商人有什么两样？古人说做到同心同德实在难，我希望的是同心而不是财产。"

他对奢侈腐化的中原皇帝看不惯，长春真人丘处机拜谒成吉思汗后，对这一点体会很深。他的弟子李志常在为成吉思汗立的碑上说，成吉思汗去奢从俭，与将士百姓衣食共享，把百姓当赤子，视臣下若兄弟——这座碑是以成吉思汗本人的口吻写的，也可以算是成吉思汗的自白。成吉思汗还多次告诫臣下勤俭节约，在他的带领下，蒙古人在很长时间内保持这一传统，只是元朝后期时才逐渐腐化堕落。当时作为庞大帝国的统治者，成吉思汗的财产是无法计算的，而他是以朴素之心来对待，也是他在位期间能够平衡各方利害的又一个良方。

蒙古人的特点是善饮、善斗。饮酒更是以豪放著称，大碗大碗喝酒，大块大块吃肉，是蒙古人的象征。在这样的一个民族情结非常凝重的氛围里，成吉思汗却留下了许多训诫，他说："喝酒适量可以提高宴会的气氛，可以鼓舞战斗的激情，但是喝多了就会乱性，思维变得迟钝，身体不受控制，因此，即使是美酒也不可以多喝。"对于蒙古人嗜酒成性的生活习惯，成吉思汗多次教导部下说，饮酒过度会有损健康，败坏事业。他还制定规矩，要求部下如果一定要饮酒的话，一个月里喝三次为宜，三次以上是违法，两三次为好，喝一次最好。成吉思汗本人十分喜欢饮酒，他在饮酒问题上如此善于节制，这对于他来说是十分难能可贵的。

一些历史学家依据历史记载，把成吉思汗说成是一个嗜血好杀、野蛮残暴的魔王，把他的出现说成是人类的灾难。他们指责成吉思汗在中亚的屠城，敢于抵抗的城市男子全部被斩，女子全部沦落为奴隶，指责他的行为破坏了文明，甚至阻碍了人类的进化。但是，当我们看到蒙古族的民族特点以及成吉思汗的个人成长经历的时候，对这一切就不难理解了。

全面、精确地描述一个人的性格是极其困难的，因为人们往往根据好恶而以偏概全，其实每个人的性格都是“多维”的，在一面镜子中看，只能看到一面。对于成吉思汗这种千古英雄人物，更不是能用一面镜子就能够看得清的，他需要我们进行不同角度的全面评价。

成吉思汗是纯粹的蒙古人、草原人，他的性格中充满了绿色血液，流淌着理性、智慧的因子。他没有故步自封、自以为是，而是用军事手段扫荡了一切敌人，冲破种种阻碍的藩篱。他是一个统治者，一个天生的统治型人物，一个天生的世界征服者。